读懂
新质生产力

黄群慧 著

中信出版集团 | 北京

图书在版编目（CIP）数据

读懂新质生产力 / 黄群慧著 . -- 北京：中信出版社，2024.3（2025.1重印）
ISBN 978-7-5217-6406-2

Ⅰ.①读… Ⅱ.①黄… Ⅲ.①生产力－通俗读物 Ⅳ.① F014.1-49

中国国家版本馆 CIP 数据核字（2024）第 036072 号

读懂新质生产力
著者：黄群慧
出版发行：中信出版集团股份有限公司
（北京市朝阳区东三环北路 27 号嘉铭中心　邮编　100020）
承印者：北京通州皇家印刷厂

开本：787 mm×1092 mm　1/16　　印张：17.25　　字数：350 千字
版次：2024 年 3 月第 1 版　　印次：2025 年 1 月第 10 次印刷
书号：ISBN 978-7-5217-6406-2
定价：78.00 元

版权所有·侵权必究
如有印刷、装订问题，本公司负责调换。
服务热线：400-600-8099
投稿邮箱：author@citicpub.com

目 录

前 言
新质生产力是符合新发展理念的先进生产力 / V

序 章
新质生产力系统 / 001

新质生产力系统的突出特性 / 003

新质生产力系统的要素特质 / 009

新质生产力系统的结构承载 / 014

新质生产力系统的功能取向 / 021

发展新质生产力的政策导向 / 027

第一章
创新驱动与新发展理念 / 033

创新发展理念与科技创新 / 035

为什么提出新发展理念 / 051

新时代的发展观与现代化观 / 058

科学把握新发展理念的系统性 / 068

深刻理解统筹发展和安全 / 075

第二章

推进新型工业化战略 / 083

工业化、新型工业化与中国式现代化 / 085

以新型工业化推进中国式现代化 / 099

把高质量发展的要求贯穿新型工业化全过程 / 106

第三章

建设现代化产业体系 / 117

把握现代化产业体系的基本特性 / 119

建设现代化产业体系的政策方向 / 138

提升产业基础能力与产业链水平的路径 / 145

以新基建支撑现代化产业体系建设 / 165

第四章

高质量发展与中国式现代化 / 175

推进"新四化"同步实现,建成现代化经济体系 / 177

以高质量发展推进中国式现代化 / 187

以高质量国民经济循环推进中国式现代化 / 200

中国式宏观经济治理现代化 / 213

第五章
塑造新型生产关系 / 229

统筹推进深层次改革与高水平开放 / 231

坚持供需双侧协同发力 / 240

以全国统一大市场建设推进区域协调发展 / 249

后　记 / 261

前　言

新质生产力是符合新发展理念的先进生产力

2023年9月7日，习近平总书记在新时代推动东北全面振兴座谈会上首次提出"新质生产力"的概念："积极培育新能源、新材料、先进制造、电子信息等战略性新兴产业，积极培育未来产业，加快形成新质生产力，增强发展新动能。"[①]在2023年12月11日至12日召开的中央经济工作会议上，习近平总书记进一步强调指出："要以科技创新推动产业创新，特别是以颠覆性技术和前沿技术催生新产业、新模式、新动能，发展新质生产力。"[②]2024年1月31日，中共中央政治局就扎实推进高质量发展进行第十一次集体学习，习近平总书记在主持学习时全面

[①] 习近平主持召开新时代推动东北全面振兴座谈会强调 牢牢把握东北的重要使命 奋力谱写东北全面振兴新篇章[N].新华社，2023-09-09．
[②] 中央经济工作会议在北京举行，习近平发表重要讲话[N].新华社，2023-12-11．

阐释了新质生产力的基本内涵:"概括地说,新质生产力是创新起主导作用,摆脱传统经济增长方式、生产力发展路径,具有高科技、高效能、高质量特征,符合新发展理念的先进生产力质态。它由技术革命性突破、生产要素创新性配置、产业深度转型升级而催生,以劳动者、劳动资料、劳动对象及其优化组合的跃升为基本内涵,以全要素生产率大幅提升为核心标志,特点是创新,关键在质优,本质是先进生产力。"[1]

党的十八大以来,中国特色社会主义进入新时代,以习近平同志为核心的党中央对国内外经济形势、基本经济国情和经济发展阶段进行科学判断,对经济发展理念和思路做出及时调整,提出了一系列新理念新思想新战略,从理论和实践的结合上系统回答新时代中国经济发展和现代化建设的一系列重大问题,在实践中形成并继续不断丰富发展了习近平经济思想,指导我国社会主义经济建设事业取得了历史性成就,发生了历史性变革,为马克思主义政治经济学注入了新内涵、开辟了新境界。作为马克思主义中国化时代化的最新成果,新质生产力的提出继承和发展了马克思主义生产力理论,丰富和发展了中国化马克思主义生产力理论,进一步丰富了习近平经济思想的理论体系。要全面理解习近平总书记关于上述新质生产力的重要论述,需要理解新质生产力与新发展理念、高质量发展、现代化产业体系、新型工业化、中国式现代化的关系,需要把握习近平经济思想的这些重要概念之

---

[1] 习近平在中共中央政治局第十一次集体学习时强调 加快发展新质生产力 扎实推进高质量发展[N].人民日报,2024-02-02(01).

间的内在联系,进而系统研究阐释新质生产力。

第一,新质生产力是符合新发展理念的先进生产力。新发展理念包括创新、协调、绿色、开放和共享五个方面,要求发展具有"创新成为第一动力、协调成为内生特点、绿色成为普遍形态、开放成为必由之路、共享成为根本目的"这样的特性。具有这五方面特性的发展必然是高质量发展。推进高质量发展是新时代的硬道理。我国经济已经从高速度增长转向高质量发展,需要新的理论指导推进高质量发展的实践。新质生产力已经在实践中形成并展示出对高质量发展的强劲推动力、支撑力。通过从理论上进行总结概括,形成新质生产力理论,这为新时代推进高质量发展奠定了生产力理论基础。推进高质量发展是中国式现代化的首要任务,发展新质生产力,就是要以新质生产力发展推进经济建设这一中心工作和高质量发展这一首要任务,把中国式现代化宏伟蓝图一步步变成美好现实。从这个意义上讲,大力发展新质生产力也是推进中国式现代化的关键任务要求。

第二,新质生产力具有创新起主导作用的生产力发展特征。创新发展理念在新发展理念中居首位,是发展的第一动力。生产力是生产能力及其要素的发展,符合新发展理念的生产力——新质生产力一定是创新能力及创新要素的组合,这意味着创新在新质生产力中起主导作用,是其关键特征。在经济学中,创新一般是指把一种新的生产要素和生产条件的新组合引入生产体系的活动,包括新产品、新技术、新需求、新供给、新组织等。创新是全要素生产率提升的根源,只有通过创新才能摆脱传统经济增长方式，推动经济增长方式的转变。

第三，科技创新引领现代化产业体系建设是新质生产力发展的基本路径。大力推进科技发展，无疑是提高创新能力、发展新质生产力的关键着力点。全球正处于新一轮科技革命和产业变革的加速演化期。当今世界，原创性、颠覆性科技创新成果竞相涌现，成为培育发展新质生产力的新动能。以数字化、信息化、智能化、绿色化和融合化为基本特征的新科技正在推进传统的劳动者、劳动资料和劳动对象及其组合方式发生质的变革，成为构成新质生产力的新型生产要素。新型生产要素及其新组合催生了大量的新产业、新模式。这些如雨后春笋般勃发的未来产业、新兴产业及传统产业的深度转型，整体推进了产业体系从传统走向现代，这也正是现代化产业体系形成的过程。建设现代化产业体系，就是以科技创新为驱动力培育新质生产力要素，促进未来产业、新兴产业和传统产业转型的过程。因此，大力培育新质生产力，促进新质生产力发展，其关键要求就是以科技创新引领现代化产业体系建设。

第四，围绕新型工业化布局新质生产力是推进中国式现代化的重大战略任务。新型工业化是中国式现代化的核心动力和关键内涵，实施新型工业化战略，在2035年基本实现新型工业化、信息化、城镇化和农业现代化是中国式现代化的重大战略任务。发展新质生产力，要围绕推进新型工业化科学布局科技创新、产业创新，要大力发展数字经济，促进数字经济和实体经济深度融合，加快推进制造强国、质量强国、航天强国、交通强国、网络强国、数字中国建设,尤其是要高度重视以人工智能赋能新型工业化。人工智能是基于算力、算法和数据等关键要素发展起来的、引领新一轮科技革命和产业变革的战略性技术,能够逐步使机器具有人类的智能,具有渗透协同性、颠覆创新性、自主生成性和高效赋能性,对人类经济社会发展具有重大和深远的影响,是新质生产力的典型代表。未来,我国应该加快以人工智能全方位、深层次赋能新型工业化的步伐,要针对装备制造业、电子信息、原材料、能源电力、消费品等重点行业,构建重点行业大模型和工业知识库,以场景应用为牵引,大力发展智能产品,以制造业全流程智能改造实现人工智能和制造业深度融合。

第五,新质生产力发展必须要求生产关系与之相适应。大力发展新质生产力,需要统筹推进深层次改革和高水平开放,塑造新型生产关系。改革开放是当代中国大踏步赶上时代的重要法宝,是决定中国式现代化成败的关键,有利于破除束缚新质生产力的体制机制障碍。这要求通过深化经济体制、科技体制、人才体制、教育体制、分配体制改革,为发展新质生产力营造良好生态环境,营造鼓励创新、宽容失败的良好氛围,促进各类优质生产要素向新质生产力顺畅流动。

基于上述对新质生产力的理解,本书从系统论视角,以"要素—结构—功能"为基本分析框架,对新质生产力进行了系统阐释。从章节安排上,序章描述了新质生产力系统,在此基础上,各章进一步围绕新发展理念、现代化产业体系、新型工业化、高质量发展与中国式现代化等关键论题展开阐述,最后以塑造新型生产关系收尾。实际上,本书不仅仅是一本对新质生产力的系统阐释读本,也是一部关于新时代新征程中国经济高质量发展的理论研究著作。

序 章
新质生产力系统

新质生产力是符合新发展理念的先进生产力，是一个复杂的系统，以劳动者、劳动资料、劳动对象及其优化组合为系统要素，以现代化产业体系为基本载体，以促进高质量发展、大幅提高全要素生产率为功能取向。高质量发展是新时代的硬道理，新质生产力已经在实践中形成并展示出对高质量发展的强劲推动力、支撑力，推动高质量发展需要以发展新质生产力为重要着力点。

新质生产力系统的突出特性

新质生产力是由技术革命性突破、生产要素创新性配置、产业深度转型升级而催生的符合新发展理念的当代先进生产力，它以劳动者、劳动资料、劳动对象及其优化组合的质变为基本内涵，以全要素生产率提升为核心标志。[①] 新质生产力的提出，是习近平经济思想的最新理论成果，是对马克思主义生产力理论的继承与创新，为社会生产方式变革与生产关系改革提供了新方向、提出了新要求。纵观人类社会发展史，生产力的每一次重大跃迁，都将加速人类社会的变革。新质生产力作为生产力发展的质变跃

---

① 中央财办有关负责同志详解2023年中央经济工作会议精神[N]. 人民日报，2023-12-18（04）.

迁，其孕育、形成和发展有着深刻的历史逻辑、理论逻辑和实践逻辑，是代表人类社会发展方向的生产力新形态。

关于生产力的内涵，马克思在《资本论》中指出："生产力，即生产能力及其要素的发展。"[①] 作为社会制度变迁与人类社会发展的决定力量，生产能力及其要素的发展是一个从量变到质变的波浪式前进、螺旋式上升的过程，无论是第一次工业革命，还是第二次、第三次工业革命，虽然存在科技革命的"迸发"时期，但生产能力及其要素也都是经过了长期孕育的量变积累阶段，最后发生了质变，生产效率发生了革命性的提高，从而形成全球范围的新生产力形态。这种由劳动者、劳动资料、劳动对象等生产力要素优化组合而产生质变形成的新生产力形态，正是新质生产力所描述的核心要义。当今世界正处于新一轮科技革命和产业变革加速演化的时期，生产能力及其要素也正处于一个量的积累到质的变化的关键变革时期，也就是新质生产力形成的关键时期。在这个时期，把握新质生产力的形成规律，顺应新质生产力的发展趋势，加快培育新质生产力，既是掌握经济社会未来发展主动权的关键，也是百年未有之大变局下大国竞争的关键。

生产力是一个复杂系统，从系统论角度看，一个系统可以从"要素—结构—功能"三个维度进行解构。生产力系统是在劳动过程中形成的，由劳动者、劳动资料（工具）、劳动对象要素组

---

① 马克思.资本论：政治经济学批判，第三卷，资本主义生产的总过程[M].中共中央马克思恩格斯列宁斯大林著作编译局，译.北京：人民出版社，1978：999.

成，以一定结构形式联结组合（如生产单元、企业、产业等）存在，是一个具有改造和利用自然、促进人类社会发展功能的有机整体。不同时代，生产力系统要素内涵变化以及生产力要素组合结构的不同，都将推动形成那个时代的现实生产力，并发挥相应的作用。新质生产力系统是当代的生产力系统，由新型劳动者、新型劳动工具、新型劳动对象要素组成，这些新型要素的"新型"内涵主要是以智能化、绿色化为主要趋势的新一轮科技革命和产业变革引发生产力要素发生的质的变化。新型生产力系统的结构，体现在产业层面，表现为新型要素优化组合形成的现代化产业体系。现代化产业体系是通过传统产业转型升级，以及未来产业、新兴产业、新业态等蓬勃发展而逐步形成的。新质生产力的功能，则体现为新型生产要素和现代化产业体系发展带来的生产能力提升和效率改善。新质生产力的发展，会推进人类改造自然能力的提升、人的自由全面发展和全人类社会文明的进步。这意味着，新质生产力的发展过程，正是发展质量的提高过程。具体而言，新质生产力系统具有突出的创新驱动、绿色低碳、开放融合和人本内蕴的特性。

新质生产力具有创新驱动特性

创新是引领发展的第一动力，科技是先进生产力的集中体现和主要标志。随着新一轮科技革命的快速迭代升级与突破，科技在生产力构成要素中的主导作用将越发突出。只有对颠覆性、突破性、引领性科学技术进行发明、突破、扩散和使用，才能使生产力的能级出现裂变式的提升。人工智能、量子信息、元宇宙等前沿数字信息技术的攻克和使用，将加速驱动形成新产业、新业态、新模式，推动人类社会大跨步迈入新的发展阶段。新质生产力创新驱动特性的具体实现，需要借助最新科技成果运用，推动数字经济和实体经济深度融合，促进数字产业化和产业数字化，推动传统产业转型升级，大力发展战略性新兴产业，培育发展未来产业，前瞻布局未来产业。创新驱动新质生产力跃迁的底层逻辑是人类知识累积并裂变式爆发的结果，并且伴随知识创造驱动的科技创新周期的日益缩短，以知识创造为内核的新质生产力的变革性力量将加速壮大并逐步成为主导性生产力，人类社会也将进入智能化乃至全面深度智能化时代。

新质生产力具有绿色低碳特性

过去的生产力是指改造自然的能力，将大自然作为人类无节制索取的对象，而这带来的是人与自然的对立，导致人类赖以生产生活的地球资源环境承载力趋于极限。这种生产力不可持续。新质生产力基于生态就是资源、生态就是生产力的新生产力观。按照保护生态环境就是保护生产力、改善生态环境就是发展生产力的新发展理念，所展现的是人与自然和谐共生的发展能力，是一种保护性的生产力，这是对传统生产力的突破性超越，也是生产力理论的新拓展。新质生产力将绿色低碳理念、技术、标准、管理等贯穿于现代化产业体系发展始终,以产业、产业链、产业集群的绿色化水平提升推动经济社会全面绿色低碳转型。

新质生产力具有开放融合特性

生产力发展历程与全球开放水平提升是高度吻合、高度同步的,并且伴随世界交流交融深度、广度、强度的不断深化而拓展。由此,生产力传导延伸的场域得以拓宽,生产力演变迭代的周期得以缩短。作为生产力的最新形态,新质生产力超越了传统地理空间范畴的场域维度,依托互联网、大数据、人工智能、深地深海深空等现代技术以及各类新型基础设施,在天、地、空、网等立体链接的开放场域快速拓展延伸、融合跃迁。特别是数据作为重要生产要素,本身就孕育于生产过程和人类社会活动之中,具有快速传播、极速反馈、有机融合的天然属性。

新质生产力具有人本内蕴特性

人是人类社会的主体,生产力演进的终极目标是推动人的自由全面发展。作为生产力的最新形态,新质生产力的功能在于实现更具质量的发展,强调发展的质量导向,而衡量质量的关键标准在于是否满足人民群众对美好生活的需要。随着经济社会的发展,人民美好生活需要的内涵与外延日趋丰富,涵盖物质文明层面、精神文明层面、生态文明层面、个体价值实现层面、社会治理参与层面等。因此，新质生产力的质量导向必然内含人本内蕴属性，关注的是绝大多数人，而不是少部分人，强调的是生产力的内在质量和以人为本的发展理念。这不仅仅体现在物质资源和技术能力的提升上，更体现在人的全面发展、创造性以及生产过程中的人文关怀和社会责任上。

新质生产力突出的创新驱动、绿色低碳、开放融合、人本内蕴四个主要特性，是一个有机整体，它们相互关联、相互作用、相互耦合，共同构筑新质生产力区别于传统生产力的鲜明标识。

新质生产力系统的要素特质

根据生产力系统的要素、结构、功能构成,结合新质生产力的时代特质、结构承载与功能取向,可以展示出新质生产力的系统示意图(见图1)。

新质生产力的要素包括新型劳动者、新型劳动对象、新型劳动工具等新型要素,并且各新型要素之间是相互作用、相互关联的有机统一体。新质生产力作为生产力新形态,其发挥作用的过程就是具备相应的知识、技能和素质的新型劳动者通过新型劳动工具作用于新型劳动对象的过程。

```
┌─────────────────────────────────────────────────┐
│              新质生产力系统                      │
│    ↓              ↓              ↓              │
│  ┌──────┐     ┌──────┐       ┌──────┐          │
│  │ 要素 │     │ 结构 │       │ 功能 │          │
│  │新型劳动者│↔│新兴产业│   ↔ │生产能力提升│    │
│  │新型劳动对象│ │未来产业│    │效率改善│       │
│  │新型劳动工具│ │现代化产业体系││发展质量提升│  │
│  └──────┘     └──────┘       └──────┘          │
│    ↓              ↓              ↓              │
│ ┌────────┐  ┌──────────┐   ┌──────────┐        │
│ │要素时代特质│ │产业结构承载│  │发展功能取向│   │
│ └────────┘  └──────────┘   └──────────┘        │
│    ↓              ↓              ↓              │
│ ┌─────────────────────────────────────┐        │
│ │      人的全面发展和社会文明进步      │        │
│ └─────────────────────────────────────┘        │
└─────────────────────────────────────────────────┘
```

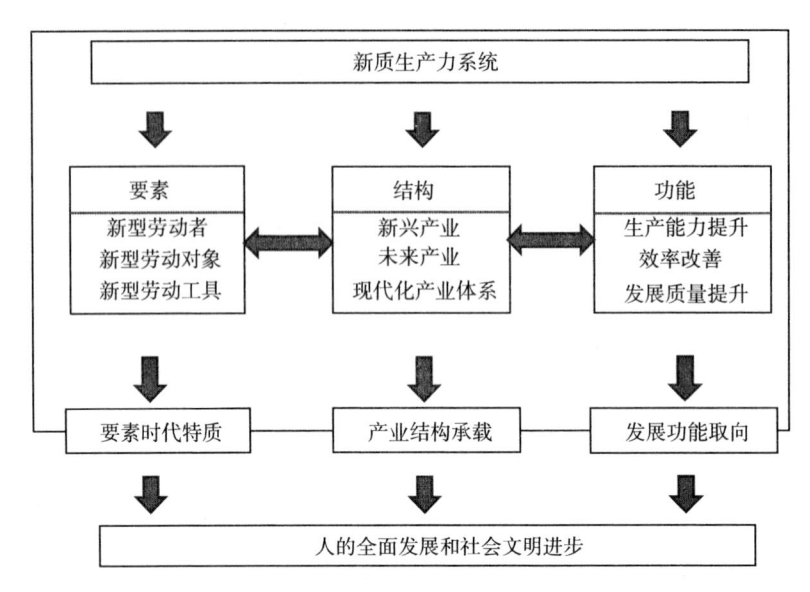

图 1　新质生产力系统示意图

新型劳动者是新质生产力的主体

在生产活动中，劳动者是主动的、有目的的劳动力，其技能、知识、经验和创新能力等是生产力发展的重要驱动力，不同生产力水平在很大程度上体现为劳动者的整体素质、技能和其他相关因素的差异。不同于传统以简单重复劳动为主的普通技术工人，新型劳动者代表现代劳动力的转变，是能够创造新质生产力的战略人才和熟练掌握新型生产资料的应用型人才，通常拥有更高的教育水平、更强的学习能力。他们不仅掌握传统的职业技能，更重要的是能适应数字化、智能化的现代工作环境，具备跨界融合的综合能力。新型劳动者是新质生产力中最活跃、最能动的主体。

培养壮大能够持续创造和熟练操作新型劳动工具、拓展和创造新型劳动对象、使用和维护新型基础设施的新型劳动者队伍，是加快培育发展新质生产力的关键。

新型劳动对象是新质生产力的重要组成部分

劳动对象是指劳动过程中人们加工、改造或服务的对象，既包括实体性劳动对象，也包括非实体性劳动对象。实体性劳动对象通常指原材料、零部件等，非实体性劳动对象则包括数据、知识或者某种服务等。数字化、网络化、智能化时代，大数据、人工智能等新生产技术的发展，使得海量数据和信息可以被有效地收集、处理和利用，从而催生成为新型劳动对象。海量的数据等新型劳动对象为新质生产力发展提供了丰富"原料"，并驱动新的生产技术发展。运用数据等新型劳动对象，可动态优化资源要素配置，极大提高生产效率，精准有效满足人民美好生活需要，提升社会治理现代化水平。伴随科技革命的深入演进，以数据为主要代表的新型劳动对象的重要性在不断提升。作为新质生产力的重要组成部分，数据等新型劳动对象的形成和发展迫切需要培育和壮大能够熟练掌握和运用新型劳动对象的新型劳动者队伍；新型劳动对象的变化又推动新型劳动工具的发展和应用；同时，新型劳动对象的运用也需要新型基础设施的支撑。

新型劳动工具是新质生产力的重要标志

劳动工具是社会生产力发展的重要"指示器",不同历史时期的新型劳动工具,是反映该时期社会生产力发展水平的重要标志,其创新和应用直接推动当时生产力的快速提升。比如,工业革命时期蒸汽机的发明和应用,是新型劳动工具的代表,体现的是当时的新质生产力,极大提高了生产效率;信息时代计算机和互联网的出现,是新型劳动工具的代表,代表的是当时的新质生产力,其应用和发展极大改变了社会生产生活方式。因此,新型劳动工具是新质生产力的重要体现和载体,其创新和应用直接推动生产力的提升和社会的进步。在科技革命和产业变革加速演进的当下,人工智能、虚拟现实和增强现实设备、机器人、物联网、自动化制造设备等新型劳动工具迭代涌现,这些新型劳动工具的创新使用必将推动传统产业改造提升、战略性新兴产业巩固壮大、未来产业加快培育,进而加速新质生产力的形成与发展。作为新质生产力的重要标志,新型劳动工具的效能发挥呼唤新型劳动者的创造性劳动,需要新型劳动对象的丰富场景,也依赖新型基础设施的强有力支撑。

作为劳动工具的一个集合,基础设施需要在生产力要素中被单独提及。与工业化社会之前的生产过程不同,基础设施是生产力发展到高级阶段生产活动开展的重要基础。在一个国家和地区的现代化进程中,基础设施发挥着越来越重要的作用。完善的现代基础设施,既是实现现代化的基本动力,也是实现现代化的重要标志。① 不同社会发展阶段的基础设施，不仅反映了生产力的水平，也影响和推动着社会生产生活方式的变革。随着社会的发展和科技的进步，基础设施的类型和功能也在不断演变和更新。新型基础设施是新质生产力的基础支撑。作为体现新型劳动工具、新型劳动对象等要素的新质生产力，其作用力的强弱、辐射范围的大小、力量传递速度的快慢等，都需要新型基础设施的强有力支撑。新型基础设施以信息网络基础设施为核心，以数字化、网络化和智能化为特征，是服务于高质量发展的基础设施，包括高速网络、大数据中心、智能物流系统等。新型基础设施的建设和完善是新质生产力培育形成的基石，将为新型劳动者提供高效、便捷的工作环境，为新型劳动对象的生成和新型劳动工具的应用提供必要条件，进而支撑新质生产力的跃升。

总之，新型劳动者是新型劳动工具的操作者和新型劳动对象的创造者，同时也是新型基础设施的使用者和维护者；新型劳动对象的变化推动新型劳动工具的发展和应用，新型劳动工具的革新又促进新型基础设施的建设；新型基础设施的完善，为新型劳动者提供更广阔的舞台，使他们能够更好地适应和引领新质生产力的发展。纵观生产力的变迁历程，正是不同发展阶段中劳动者、劳动对象、劳动工具和基础设施等的变化，推动了生产力结构的持续演变，而承载生产力结构变化和生产关系适配性变迁的主体则是当时发展阶段的现代化产业体系。

---

① 黄群慧. 以新型基础设施建设促进经济高质量发展[J]. 中国党政干部论坛，2020（11）：28-31.

新质生产力系统的结构承载

结构是要素的载体，现代化产业体系是新质生产力要素的产业载体。现代化产业体系作为新质生产力的结构承载，具体可从新质生产力的主要特征与现代化产业体系的基本特性的内在一致性进行分析。现代化产业体系的"先进性+协同性"承载和体现着新质生产力的创新驱动要求。现代化产业体系的"绿色化+可持续性"承载和体现着新质生产力的绿色低碳要求。现代化产业体系的"安全性+开放性"承载和体现着新质生产力的开放融合要求。现代化产业体系的"完整性+包容性"承载和体现着新质生产力的人本内蕴要求。

现代化产业体系的"先进性+协同性"

现代化产业体系的"先进性+协同性"承载和体现着新质生产力的创新驱动要求。现代化产业体系是在党的二十大报告中首次提出的，顺应契合中国式现代化的目标要求，服务于强国建设、民族复兴伟业。作为现代化经济体系的基础和核心，现代化产业体系的先进性和协同性，是指产业体系中的各类产业技术水平处于创新、前沿状态，且产业体系之间协同发展。推动实现现代化产业体系的先进性和协同性，唯有科技创新，这也是新质生产力的创新驱动要求所在。我国产业体系门类齐全且制造业产值位居世界第一，但一些产业还存在大而不强、全而不优以及产业体系之间存在结构失调、时空失调等问题，部分领域关键技术和设备、关键基础材料、核心零部件等受制于人。现代化产业体系中的实体经济特别是制造业，具有技术外溢性强、产业关联性广、引擎作用强劲等特质，是科技创新活动最活跃、科技创新成果最丰富、科技创新应用最集中、科技创新溢出效应最强的产业，是科技创新主战场。在"强起来"的发展阶段，以科技创新引领现代化产业体系建设，需顺应新一轮科技革命和产业变革，全面深入推进新型工业化，集中攻克关键核心技术，前瞻部署攻关颠覆性技术和前沿技术，发展数字经济，加快推动人工智能发展，以新型工业化的全面深入推进辐射带动发展现代农业、现代工业、现代服务业等，并推动产业体系之间深度融合，协同发展，提升现代化产业体系的先进性水平和协同化程度，加快建成制造强国、农业强国、质量强国等。

现代化产业体系的"绿色化+可持续性"

现代化产业体系的"绿色化+可持续性"承载和体现着新质生产力的绿色低碳要求。产业体系的绿色化程度和可持续发展水平，往往代表着生产力发展的阶段和质量。面对生态环境、自然资源、气候变化等约束条件的日趋收紧，传统产业体系发展模式难以为继。现代化产业体系是以绿色为底色的可持续发展的产业体系，是生态友好型产业体系发展模式，追求实现的是人与自然的和谐共生，承载和体现的是新质生产力绿色低碳的内在要求。2020年9月22日，习近平主席在第75届联合国大会上承诺，中国将提高国家自主贡献力度，采取更加有力的政策和措施，二氧化碳排放力争于2030年前达到峰值，努力争取2060年前实现碳中和。[1] 降碳成为当前和今后一段时期我国生态文明建设的重点战略方向，而降碳的重点在产业领域，特别是工业领域。研究表明，我国工业碳排放约占碳总排放量的68%，如此之高的占比在所有主要国家中也是绝无仅有的，这是我国作为"世界工厂"、处在城镇化快速发展阶段、经济社会出现压缩式发展等因素决定的。[2] 当然，无论是碳达峰还是碳中和，其主旨都不是要

---

[1] 习近平在第七十五届联合国大会一般性辩论上发表重要讲话[N].人民日报，2020-09-23（01）.
[2] 丁仲礼. 碳中和对中国的挑战和机遇[J]. 中国新闻发布（实务版），2022（1）：16-23.

抑制产业发展，相反，能源供应端、能源消费端、人为固碳端的减污降碳协同增效均离不开先进技术水平及先进生产制造能力的支撑。为此，推动现代化产业体系全面绿色转型，应聚焦推动产业生态化和生态产业化，不断研发和应用新技术，将绿色设计、绿色技术和工艺、绿色生产、绿色管理、绿色供应链等贯穿于产品全生命周期，推动农业、工业、服务业等产业全方位、全流程绿色化智能化升级改造，大力发展绿色低碳产业，实现环境影响最小，资源能源利用率最高，经济效益、生态效益和社会效益协调优化的目标，提升现代化产业体系在人与自然和谐共生的现代化建设中的贡献与作用。

现代化产业体系的"安全性＋开放性"

现代化产业体系的"安全性＋开放性"承载和体现着新质生产力的开放融合要求。习近平总书记在二十届中共中央政治局第二次集体学习时强调新发展格局应以现代化产业体系为基础，要求打造自主可控、安全可靠、竞争力强的现代化产业体系。[1]安全性是我国在强国建设中打造现代化产业体系的重要要求，也是推进高水平开放的应有之义。在参与全球开放与国际竞争中，粮食安全、能源安全、重要产业链供应链安全、金融安全、数据安全等至关重要，而这些都需要国内现代农业、

---

[1] 习近平在中共中央政治局第二次集体学习时强调：加快构建新发展格局，增强发展的安全性主动权 [N]. 人民日报，2023-02-02（01）.

新型工业化、现代服务业、新型基础设施等全面系统有序地推进及融合发展，以全国现代化产业体系的自主可控、安全发展保障新发展格局的深入推进，这也是新质生产力开放融合发展的现实需要。纵观人类社会发展历史，沟通全球经贸往来、促进世界开放发展的纽带是以制造业为主体的产业链、供应链、价值链。今天，中国在全球制造业产业链、供应链中已经具有十分重要的地位，①然而这种地位的基础仍需不断夯实。面对以美国为首的西方国家挑起的贸易战、实施脱钩断链、建设"小院高墙"等，我们既深刻体会到开放过程中确保产业体系自主可控、安全可靠、竞争力强的重要性和紧迫性，也深刻认识到只有进一步扩大开放才能真正打造自主可控、安全可靠、竞争力强的现代化产业体系。为此，在高水平开放中，我们应将产业体系的安全性前置，对标国际高标准经贸规则，强化制度型开放，通过高水平对外开放深度融入全球产业链、供应链，以高水平开放不断增强现代化产业体系自主可控安全能力，以现代化产业体系自主可控安全能力的持续增强来深化高水平开放，进而在全球场域中加快发展新质生产力。

现代化产业体系的"完整性＋包容性"

现代化产业体系的"完整性＋包容性"承载和体现着新质

---

① 黄群慧，倪红福. 基于价值链理论的产业基础能力与产业链水平提升研究 [J]. 经济体制改革, 2020（5）：11-21.

生产力的人本内蕴要求。现代化产业体系是中国语境下的概念，是中国式现代化发展观在产业层面的具体体现，[①]必然体现以人民为中心的发展理念，这也是新质生产力的人本内蕴要求所在。对我们这样一个拥有14亿多人口的大国来说，产业体系的完整性至关重要，在新冠肺炎疫情期间，我国规模巨大、体系完备、门类齐全的产业体系优势与快速转换能力，对保障国家安全与人民生命健康安全发挥了不可替代的作用。与此同时，中国式现代化是人口规模巨大的现代化，是全体人民共同富裕的现代化，这必然要求现代化产业体系体现人本导向的包容性。伴随农业、工业、服务业等产业领域与现代数字技术的深入融合，现代信息技术在各个产业领域应用的广度、深度将不断拓展，在带来加速发展的同时，也可能带来区域发展、就业和收入分配的"极化"效应，即先行发达地区虹吸资源要素带来的区域发展差距拉大，"超级明星企业"占有绝大部分利润、数据和市场份额。由于数据等数字化资本要素深度参与利润分配对劳动收入产生"挤出效应"，数字技术替代操作性技能劳动者引发收入分配极化趋势。[②]为此，作为打造现代化产业体系推进中国式现代化的现代化战略，中国特色的现代化产业体系发展道路既要满足人口规模巨大这个条件约束，又要满足实现全体人民共同富裕这个目标函数，这就要求在推进产业、产业

[①] 李娅，侯建翔. 现代化产业体系：从政策概念到理论建构[J]. 云南社会科学，2023（5）：83-90.
[②] 中国社会科学院经济研究所课题组. 新征程推动经济高质量发展的任务与政策[J]. 经济研究，2023（9）：4-21.

链、产业集群、产业体系现代化进程中应把握好体系的完整性、过程的包容性、结果的共享性，使得更多人群参与现代化产业体系打造进程，减少现代化过程中可能出现的"极化"现象，进而助推新质生产力加速发展。

新质生产力系统的功能取向

高质量发展是全面建设社会主义现代化国家的首要任务，也是新时代的硬道理，需要内在统一地把握创新发展、协调发展、绿色发展、开放发展、共享发展和安全发展。[①]有别于传统生产力，新质生产力在功能取向上表现为全要素生产率的提升，体现的是新发展理念和高质量发展的要求。

---

① 黄群慧. 新发展理念：一个关于发展的系统的理论体系[J]. 经济学动态，2022（8）：13-24.

新质生产力体现创新发展理念

新质生产力体现创新发展理念，追求更高质量、更为安全的发展。科技是第一生产力，创新是第一动力，新质生产力的核心特征是科技创新。中国式现代化关键在科技现代化，科技自立自强是国家强盛之基、安全之要。科技创新的核心引领作用不仅体现在科学技术自身的不断进步驱动的生产力发展上，同时还带来生产力要素结构中实体性要素与非实体性要素结合广度、深度、频度的深入拓展，从而带来生产力内在结构变化的更多可能以及由此带来的社会生产综合能力的迭代跃升，并且这种能力跃升的速度在显著加快，能级在明显强化，从而驱动社会变革周期缩短，由此带来社会物质财富的急剧增加和社会发展形态的急剧变革。因此，随着生产力要素系统中新型劳动者、新型劳动对象、新型劳动工具等的涌现和新型基础设施的完善，由新质生产力结构承载的现代化产业体系将得到重塑，推动我国以科技创新引领现代化产业体系建设的进程，进而加速经济社会发展的质量变革、效率变革和动力变革，实现更高质量、更为安全的发展。

新质生产力体现协调发展理念

新质生产力体现协调发展理念，追求更为健康的发展。从哲学方法论上看，协调发展理念遵循了事物是普遍联系的唯物辩证法，认为经济社会发展是一个各发展要素相互联系、相互作用的整体性运动，必须从内在联系的观点去把握整个发展过程；从经济学角度看，这是社会化大生产条件下经济体系运行的必然要求。[①] 新质生产力的形成发展，需要在打造现代化产业体系过程中改革优化相应生产关系以更好适配发展新要求。当前，我国社会主要矛盾已经转化为人民日益增长的美好生活需要和不平衡不充分的发展之间的矛盾，其实质就是社会化大生产中生产力要素系统在不同行业、不同区域等的配比失衡，进而制约现代化产业体系的建设，由此促使生产力功能系统表现为发展不平衡不充分、发展质量水平有待提升等，并且这种失衡正成为制约中国式现代化顺利推进的主要矛盾。新发展理念中的协调发展理念，给出了解决发展问题的方法论，[②] 就是要破解生产力发展过程中存在的不平衡不充分问题，力图在更长时间段、更广阔的地理空间内促进时空转化，回应人全面发展的诉求，重在正确处理发展中的重大关系，改进生产力系统中人和人、人和物、物和物的结合方式。[③] 为此，体现协调发展理念的新质生产力，追求的是人与人、人与物、时间与空间等更为健康的发展。

[①] 黄群慧. 新发展理念：一个关于发展的系统的理论体系 [J]. 经济学动态，2022（8）：13-24.
[②] 田鹏颖. 协调：从发展理念到方法论创新 [J]. 中国特色社会主义研究，2016（3）：18-23.
[③] 杜黎明. 论新发展理念对马克思主义生产力理论的创新 [J]. 中南民族大学学报（人文社会科学版），2018（2）：6-9.

新质生产力体现绿色发展理念

新质生产力体现绿色发展理念，追求更可持续的发展。绿色发展理念蕴含着重大的理论价值，是对马克思主义绿色发展观的传承和创新。将生态环境纳入生产力范畴，开辟了马克思主义生态思想和马克思主义政治经济学的新境界。新质生产力强调自然生产力的作用，并在实践中践行"保护生态环境就是保护生产力，改善生态环境就是发展生产力""绿水青山就是金山银山"的理念，拓展"绿水青山与金山银山"的双向转化路径，推动形成人与自然和谐共生的生态文明新范式。体现绿色发展理念的新质生产力，将生态环境等要素纳入生产函数，将生态经济系统作为经济社会发展系统的重要组成部分，这将显著变革并优化人与自然的关系和结合方式。它要求技术的革命性突破、理念的系统性革新和生产生活方式的绿色化转型，着重推动产业生态化和生态产业化，加快打造绿色低碳供应链，推进经济社会全面绿色低碳转型，进而为永续发展提供新的动能。

新质生产力体现开放发展理念

新质生产力体现开放发展理念，追求更加繁荣的发展。从经济发展规律和社会发展规律来看，经济全球化的浪潮不可阻挡，特别是随着陆、海、空、数字等软硬件基础设施的不断互联互通，社会化大生产的全球化特征将越发鲜明，开放也是生产力发展寻求人类社会共同进步目标的必然路径。新的技术革命和产业革新将加速经济全球化进程，尤其是现代信息技术推动了万物互联社会的加速到来，发展的边界和场域不断拓展融合，而体现技术革新和产业变革的新质生产力，是基于开放发展理念的经济全球化概念。科技创新需要在开放场域的交流、碰撞、合作、互促中得到发展。面对人工智能等全球性的技术难题，开放合作才是人类应对共同挑战、实现繁荣发展的法宝。新质生产力需要在不断的开放发展中培育并壮大。因此，新质生产力只有在开放中才能不断拓宽其生产力要素系统边界，进而支撑其生产力结构系统的升级，并驱动其生产力功能系统的整体协调与全面发展。

新质生产力体现共享发展理念

新质生产力体现共享发展理念，追求更加公平的发展。马克思主义认为，生产力价值的终极目标是人的自由全面发展和人类社会的共同进步。作为生产力的最新形态，新质生产力的目标追求就是要践行人人参与、人人建设、人人享有的发展观，将更好满足人民对美好生活的需要作为发展的根本目的，让广大人民的幸福感、安全感与其积极性、主动性、创造性形成良性互促的正向循环，以人的自由全面发展构建经济高质量发展与社会长期稳定的良好格局，进而推动新质生产力的加速培育和壮大。为此，体现共享发展理念的新质生产力，回归了人本导向，追求的是人的价值实现与全体人民的共同富裕，进一步明晰了经济社会发展的根本标尺，并且共享的内涵、数量、质量、结构、形式等也将伴随新质生产力的不断发展而持续丰富，人类社会公平程度将不断提高。

发展新质生产力的政策导向

面对世界百年未有之大变局，抢占新一轮科技革命与产业变革加速演进的制高点，加快发展新质生产力，对于以中国式现代化推进中华民族伟大复兴具有重大意义。中国具有社会主义市场经济的体制优势、超大规模市场的需求优势、制造业体系配套完整的供给优势、拥有大量高素质劳动者和企业家的人才优势，我们需要很好地释放"独特制度红利""市场需求红利""制造供给红利""人口质量红利"，加快发展新质生产力。

强化新型要素供给，夯实新质生产力发展基础

一是在新型劳动者方面，着力提高人口整体素质，加快推动人口高质量发展，全面推进义务教育优质均衡发展。与此同时，积极构建全生命周期学习的制度体系，不断提升全社会劳动者的知识储备和技能水平，推动人口整体素质不断提高、现代化人力资源分布合理等与高质量发展相适配的人口高质量发展格局，壮大新质生产力中适应时代发展要求的新型劳动者规模。

二是在新型劳动对象方面，探索建立健全数据、信息等与新型劳动对象相关的标准体系、政策举措、法律法规等，加快构建成熟稳定、可靠安全、运行高效的数据要素交易市场体系，坚决清除妨碍数据等生产要素市场化配置的体制机制障碍。

三是在新型劳动工具方面，大力发展数字经济，加大人工智能、机器人等通用性、基础性、前沿性技术研发攻坚力度，着力提升现代新型劳动工具赋能发展的质量与效率。

四是在新型基础设施供给方面，发挥好政府投资的带动放大效应，加大信息基础设施、融合基础设施和创新基础设施等新型基础设施建设的投资力度，尤其是促进重大科技基础设施、科教基础设施、产业技术创新基础设施的建设完善，尽快建成布局完整、技术先进、运行高效、支撑有力的创新基础设施体系。

以科技创新引领现代化产业体系建设，增强新质生产力载体支撑

一是充分发挥社会主义市场经济条件下的新型举国体制优势，强化高水平自主技术要素供给，推进新一代信息技术、生物技术、新能源、新材料等领域的关键核心技术攻关工程，突破关键共性技术、前沿引领技术等，前瞻谋划类脑科学、量子信息、基因技术、未来网络、深海空天开发、氢能与储能等技术，以科技创新推动产业创新，以人工智能赋能新型工业化，发展战略性新兴产业，开辟未来产业新赛道。

二是建立完善产业基础能力评估制度，加快实施针对"工业四基"（核心基础零部件、先进基础工艺、关键基础材料、产业技术基础）的产业基础再造工程，围绕大飞机、燃气轮机、电力能源装备、船舶与海工装备、工业母机、高端医疗装备和现代农机装备等领域，积极推进重大技术装备攻关工程，努力突破一批带有创新性、标志性的装备。

三是加快推进数字技术发展，以数字技术赋能制造业与服务业融合，加快推进现代服务业与先进制造业、现代化农业的深度融合，激励企业加快数智化转型，推进数字产业化、产业数字化。

四是积极推进绿色技术创新发展，实施绿色制造工程，加快制造业绿色改造升级，促进制造业绿色化转型，积极建设完善以开发绿色产品、建设绿色工厂、发展绿色园区、打造绿色供应链为核心内容的绿色制造体系。

完整、准确、全面贯彻新发展理念，强化新质生产力功能取向

一是促进创新发展。围绕"四个面向"，强化创新在现代化建设中的核心作用，加强应用基础研究和前沿研究，增强国家战略科技力量，打造超级创新生态系统，动态优化科技创新体制机制，提升科研成果转化的有效性、便捷性、及时性，畅通"科技—金融—产业"的循环体系，以创新夯实构建新发展格局、实现高质量发展的底座。

二是促进协调发展。将新型工业化、城镇化、信息化和农业现代化"四化同步"贯穿高质量发展全过程，推进新型城镇化和乡村全面振兴有机结合，形成城乡融合发展新格局，优化重大生产力布局，深入实施区域协调发展战略、区域重大战略、主体功能区战略，充分发挥各地区比较优势，按照主体功能定位，推动区域协调发展。

三是促进绿色发展。加快发展方式绿色转型，狠抓绿色低碳技术攻关，以能源革命和绿色制造为突破口，构建以新能源为主体的新型能源体系和以绿色制造为主体的现代化产业体系，加快打造绿色低碳供应链，完善生态产品价值实现机制，全面推进绿色生产和消费转型。

四是促进开放发展。稳步扩大规则、规制、管理、标准等制度型开放，着力打造"投资中国"品牌。积极主动对接并争取尽快加入CPTPP（全面与进步跨太平洋伙伴关系协定）和DEPA

（数字经济伙伴关系协定）等，扩大高水平对外开放。高质量推动共建"一带一路"，强化与其他国家在人工智能、数字经济等领域的交流合作，增强我国深度参与全球新一轮科技革命与产业变革的主动权和主导权。积极开展重点领域产业竞争力调查和产业安全评估，建立健全产业安全现代治理体系。

五是促进共享发展。增加低收入者收入，扩大中等收入群体，规范收入分配秩序，规范财富积累机制。实施就业优先战略，切实提高居民就业水平和就业质量，提高劳动报酬在初次分配中的比重，合理调节城乡、区域和不同群体之间的收入水平。织密扎牢社会保障网，健全分层分类的社会救助体系。坚持尽力而为、量力而行，不断提高基本公共服务水平。

深化重点领域改革，塑造适配新质生产力的新质生产关系

一是要进一步完善新型举国体制，形成充分弘扬企业家精神和科学家精神的文化氛围和制度基础。

二是深化使命导向的国有企业分类改革，建立长期主义的激励导向、容错机制，更好地实现中央企业的原创性技术策源地和产业链链主的使命，持续增强国有企业的核心功能，提高国有企业核心竞争力。

三是坚持市场中性原则，加快建设统一大市场，完善产权保护、市场准入、公平竞争、社会信用等市场经济基础制度，确保

民营企业在市场准入、要素获取、市场执法、权益保护等方面的平等地位。

四是探索建立与新质生产力发展相适应的经济治理和法律法规体系。保护数字知识产权,促进公平竞争,完善数字治理。健全通过劳动、知识、技术、管理、数据和资本等生产要素获取报酬的市场化机制。在新质生产力发展中实现技术先进性与过程包容性的有效协同,拓展全体人民共享新质生产力发展成果的渠道,消除数字鸿沟,内在统一地把握好创新发展与共享发展。

第一章

创新驱动与新发展理念

新质生产力的特点是创新。科技创新能够催生新产业、新模式、新动能，特别是原创性、颠覆性科技创新，是发展新质生产力的核心要素。新质生产力、创新发展、新发展理念等概念和理论的提出，对社会主义现代化建设和经济社会发展中具有战略性、纲领性和引领性的重大问题做出全新阐释，系统深化了关于社会主义发展规律的理论认识，丰富发展了马克思主义发展观的理论内涵。

创新发展理念与科技创新

2024年1月31日，中共中央政治局就扎实推进高质量发展进行第十一次集体学习。习近平总书记指出："科技创新能够催生新产业、新模式、新动能，是发展新质生产力的核心要素。必须加强科技创新特别是原创性、颠覆性科技创新，加快实现高水平科技自立自强，打好关键核心技术攻坚战，使原创性、颠覆性科技创新成果竞相涌现，培育发展新质生产力的新动能。"[1]

党的十八大以来，以习近平同志为核心的党中央提出了创新、

---

[1] 习近平在中共中央政治局第十一次集体学习时强调：加快发展新质生产力，扎实推进高质量发展[N].人民日报，2024-02-02（01）.

协调、绿色、开放、共享的新发展理念，为我们党治国理政开创了一个新的境界。创新是引领发展的第一动力，创新发展理念在新发展理念中居于首位。创新发展理念的提出，既有我国多年发展实践的经验基础，也是以马克思主义为指导、博采中外关于国家经济发展理论精华的结果。我国的创新发展理念和在创新发展理念指导下的创新发展战略、创新发展政策系统化地构成了中国特色社会主义政治经济学的重要篇章。

创新发展理念提出的理论与实践基础

党的十八届五中全会提出，坚持创新发展，必须把创新摆在国家发展全局的核心位置，不断推进理论创新、制度创新、科技创新、文化创新等各方面创新，让创新贯穿党和国家一切工作，让创新在全社会蔚然成风。必须把发展基点放在创新上，形成促进创新的体制架构，塑造更多依靠创新驱动、更多发挥先发优势的引领型发展。这意味着创新成为我国未来发展的基点、核心和第一动力，我国的发展将在创新驱动下更多地向引领型发展转变。通过技术创新促进技术进步，进而推进一国的经济增长和社会发展，并不是一个全新的发展理念，甚至可以认为是发展经济学乃至整个当代西方经济学的核心主题之一。但是，对处于当前发展阶段以及国内国际环境下的社会主义中国而言，"创新发展"的提出是一个开拓发展新境界的全新发展理念。从理论层面看，创新发展理念是中国特色社会主义政治经济学的重要内容，是以马克思主义政治经济学为指导，吸收当代西方经济学有关技术进步促进经济增长、科学技术发展规律等方面理论认识综合创新的结果，继承和发展了马克思主义政治经济学；从实践层面看，创新发展理念是中国共产党治国理政的实践经验的总结概括，是基于对中国发展阶段以及当今世情、国情的科学把握，基于对世界经济社会和科技发展趋势以及我国发展面临的新机遇、新挑战、新问题的深刻认识而提出的科学的发展理念。

中国特色社会主义创新发展理念，根本的理论基础来自马克思主义政治经济学关于解放和发展社会生产力的基本原则。虽然马克思并没有直接给创新下过精确的定义，但在马克思的诸多论著中，曾使用过"创造""创立""发明""革命"等与创新含义接近的概念。已有研究将马克思创新理论中创新的定义概括为：现实的人针对新的现实情况，有目的地从事的一种前人未曾从事过的创造性的、复杂的高级实践活动，是人的自觉能动性的重要体现。对应物质生产实践、社会关系实践与科学实验这三种人类实践活动的基本形式，创新主要有技术创新、制度创新、科学创新三种基本形式。通过科学创新可以将科学知识转化为生产力，引发生产工具变革，从而推动生产关系的变革。马克思认为，技术作为一种渗透性的生产要素，通过提高劳动者的能力和资本积累以及改进劳动资料特别是生产工具，把巨大的自然力和自然科学并入生产过程，使生产过程科学化，对提高生产力和经济发展具有巨大的促进作用。创新不仅对经济增长具有促进作用，还是推动社会发展的重要力量。马克思总是把技术创新看成推动社会发展的有力杠杆，看成最高意义上的革命力量，认为技术创新在推动社会发展中的巨大作用，不仅表现在对没落社会制度的摧毁上，而且也表现在对上升的社会制度的引领和推进上。但马克思也认为，技术进步推动社会发展的作用是一个历史范畴，在人类社会发展的不同时期，技术进步推动社会发展的作用是不一样的，因为技术成果只有运用到生产中，转化为现实的生产力，才会对社会发展产生相应的推动作用，才能成为推动社会发展的强大动力。

在当代西方经济学中，"创新"一词最早是由美国经济学家约瑟夫·熊彼特于1912年出版的《经济发展理论》一书中提出的。熊彼特的创新理论所提到的创新是"建立一种新的生产函数"或者是"生产要素的新的组合"，具体表现形式包括开发新产品、使用新的生产方法或者工艺、发现新的市场、发现新的原料或半成品、创建新的组织管理方式等。他把"创新"和因"创新"而使经济过程发生的变化，以及经济体系对"创新"的反应，称为经济发展。西方经济学关于创新问题的理论学派林立，新古典增长理论（外生增长理论）、新增长理论（内生增长理论）、演化经济理论等都从不同视角论述了技术进步对经济增长的意义及内在机理，构成了庞杂的理论体系。这些理论的意义更多地体现在对具体的创新政策的制定和实施的指导上，但即使指导创新政策时，面对庞杂的知识体系，也需要根据国情和时机进行权衡选择。中国特色社会主义的创新发展理念，就是考虑到这些理论对创新政策制定的具体价值，以马克思主义为指导，结合我国国情而提出的。

中国特色社会主义的创新发展理念，不仅来自上述理论思考，也来自我国经济发展实践经验的总结和国情变化的战略应对。新中国成立以来各个时期的经济发展实践表明，科技进步和技术创新工作的发展与我国的经济增长和健康发展紧密相关。新中国成立之初，科技水平总体上落后西方发达国家近百年，经济则是"一穷二白"；新中国成立以后，我党号召在海外的科学家回国并自己培育知识分子和工业化人才，1956年党中央又向全党全国发出"向科学进军"的号召，到1966年，我国工业化奠定了初步基础；1966—1976年的"文革"期间，由于"四人帮"的疯狂破坏，科技水平与世界先进水平的差距不断拉大，国民经济一度濒于崩溃；1978年3月18日，党中央召开全国科学大会，邓小平同志提出"四个现代化"的关键是科学技术的现代化、科学技术是生产力、知识分子是工人阶级的一部分等重要论断；1988年9月5日，邓小平在接见外宾时提出科学技术是第一生产力，"科学技术是第一生产力"成为指导我国科技创新和经济发展的核心理念；1995年5月6日，中共中央、国务院做出《关于加速科学技术进步的决定》，提出科教兴国战略；进入21世纪，党中央又创造性地做出建设创新型国家的重大决策。对科技创新的重视带来的是改革开放几十年的经济高速增长。改革开放以来，我国快速地从工业化初期走到了工业化后期阶段。从发展动力角度区分，我国已走过了以生产要素驱动为主的发展阶段和以投资驱动为主的发展阶段。在科技水平、经济基础、综合国力大幅度提升的同时，原先大量投入资源和消耗环境的经济发展方式已难以为继，无论是从现实的可能性还是从理论的必要性来看，我国都应该转向以创新驱动为主的新发展阶段。

总之，中国特色社会主义的创新发展理念，是以习近平同志为核心的党中央以马克思主义为指导，基于我国已有的发展经验，立足于我国经济社会发展的阶段变化和出现的新条件、新问题和新实践，顺应当前世界技术、经济发展形势的新要求，博采西方经济学各学派有关创新的各种观点，继承和丰富马克思主义创新思想，提出的更具全面性、科学性、人民性的创新发展观。具体而言，中国特色社会主义创新发展理念不同于以往的发展观，具有核心动力观、人民本位观和全面系统观三方面内涵，是对发展观的重大突破。

核心动力观：创新是引领发展的第一动力

无论是理论层面还是实践层面，创新对经济社会发展的重要意义已毋庸置疑，世界各国也纷纷出台政策积极推进创新。但是，将创新的意义提高到"创新是引领发展的第一动力"这样的高度，则是独树一帜的。创新是引领发展的第一动力。发展动力决定发展速度、效能、可持续性。对我国这么大体量的经济体来讲，如果动力问题解决不好，要实现经济持续健康发展和"两个翻番"是难以做到的。习近平总书记指出，科技创新是核心，抓住了科技创新就抓住了牵动我国发展全局的牛鼻子。①

把创新作为引领发展的第一动力的核心动力观,是马克思主义政治经济学关于解放和发展社会生产力的思想在中国现有的历史条件和国情下的具体应用和发展。生产力理论是马克思主义理论体系的基石,也是马克思主义政治经济学最基本的内容。社会主义的根本任务是解放和发展生产力。目前我国仍处于并将长期处于社会主义初级阶段,解放和发展生产力仍是建设中国特色社会主义的第一要务。那么,在新的历史条件下,解放和发展生产力的关键在哪里呢?习近平总书记指出:"虽然我国经济总量跃居世界第二,但大而不强、臃肿虚胖体弱问题相当突出,主要体现在创新能力不强,这是我国这个经济大块头的'阿喀琉斯之踵'。通过创新引领和驱动发展已经成为我国发展的迫切要求。所以,我反复强调,抓创新就是抓发展,谋创新就是谋未来。"②之所以说通过创新引领和驱动发展已成为我国发展的迫切要求,具体而言至少有以下两方面的原因。

一方面,从国内看,突破经济发展瓶颈,解决深层次矛盾和问题要依靠创新。改革开放以来,我国经济的持续高速增长主要得益于抓住全球产业转移的趋势,充分发挥了我国劳动力资源丰富的比较优势。但是,近年来随着人口红利消退、工资水平上涨,

---

① 习近平.为建设世界科技强国而奋斗——在全国科技创新大会、两院院士大会、中国科协第九次全国代表大会上的讲话(2016年5月30日)[OL].[2016-05-31].http://politics.people.com.cn/n1/2016/0531/c1001-28399962.html.
② 习近平.深入理解新发展理念[J/OL].求是,2019(10)[2019-05-16].http://www.qstheory.cn/dukan/qs/2019-05/16/c_1124491225.htm.

我国基于低成本形成的国际竞争力被削弱，建立在初级生产要素基础上的旧动能渐趋耗尽，依靠劳动力、资源、土地投入的传统发展方式已难以为继。要化解经济发展中的瓶颈和深层次矛盾，实现经济增长方式的转型和经济社会持续健康发展，根本出路在于不断推进科技创新，不断解放和发展社会生产力，不断提高劳动生产率。

另一方面，从国际上看，抓住新工业革命带来的赶超机遇需要依靠创新。当前，以大数据、云计算、物联网、机器人、人工智能、虚拟现实、新材料、生物科技等为代表的新技术蓄势待发，重大颠覆性技术不断涌现，将对传统产业的产品、商业模式和业态产生深刻的影响，并催生出许多新的产业领域。世界主要发达国家纷纷出台新的创新战略和政策，加强对人才、专利、标准等战略性资源的争夺，抓紧布局新兴技术，培育新兴产业。新的科技革命和产业变革给后发国家提供了"弯道超车"的机会。对我国来说，现在科技和经济实力有了大幅度提升，已经具备抓住新一轮工业革命和产业变革机遇的条件，我国比历史上任何时期都更接近实现"两个一百年"和中华民族伟大复兴的目标，必须通过创新驱动抓住这个千载难逢的历史机遇。

总之，分析国际科技进步和经济发展的趋势，立足中国特色社会主义建设的伟大实践，以马克思主义生产理论为指导，习近平总书记提出"创新是引领发展的第一动力"的创新发展的核心动力观，体现了我们党在新的历史条件下对中国特色社会主义发展规律的新认识，是中国特色社会主义政治经济学的新成果，进一步丰富和发展了马克思主义政治经济学。

人民本位观：创新发展要以人民为中心

为什么人的问题是哲学社会科学研究的根本性、原则性问题？习近平总书记指出："要坚持以人民为中心的发展思想，这是马克思主义政治经济学的根本立场。"[①] 这一重要论述揭示了马克思主义政治经济学的本质，为坚持和发展中国特色社会主义政治经济学指明了方向。以习近平同志为核心的党中央确立的新发展理念，坚持马克思主义政治经济学的根本立场，旗帜鲜明地提出发展以人民为中心，坚持发展为了人民、发展依靠人民、发展成果由人民共享，既把增进人民福祉，实现好、维护好、发展好最广大人民根本利益作为发展的出发点和落脚点，又把调动人民的积极性、主动性、创造性作为发展的根本动力。党的十八届五中全会提出着力践行以人民为中心的发展思想，体现了我们党全心全意为人民服务的根本宗旨，体现了人民是推动发展的根本力量的唯物史观。

创新发展突出体现了以人民为中心的发展思想，强调创新发展的主体是人民，体现出人民本位观的核心理念。一方面，实施创新的主体是人民，也就是创新依靠人民；另一方面，强调创新发展的目的是增加人民福祉，也就是创新为了人民，这构成了中

---

① 习近平在中共中央政治局第二十八次集体学习时强调：立足我国国情和我国发展实践，发展当代中国马克思主义政治经济学 [OL].[2015-11-24].https://news.12371.cn/2015/11/24/ARTI1448356063206196.shtml.

国特色社会主义的创新发展理念的人民本位观的内涵。从创新发展的主体看，以习近平同志为核心的党中央一再强调，要激发创新创业活力，推动大众创业、万众创新，释放新需求，创造新供给，推动新技术、新产业、新业态蓬勃发展，加快实现发展动力转换；要充分尊重群众的首创精神，着眼于解放和发展生产力，放手支持群众大胆实践、大胆探索、大胆创新，及时发现、总结和推广群众创造的成功经验，把群众的积极性和创业精神引导好、保护好，充分发挥人民群众在改革开放和现代化建设中的主体作用，为改革发展创造一个宽松的环境，"要全面调动人的积极性、主动性、创造性，为各行业各方面的劳动者、企业家、创新人才、各级干部创造发挥作用的舞台和环境"[1]。从创新发展的目标看，创新发展的目标是实现全面小康，这是人民的全面小康，全面小康的成果，理应由人民共享。创新发展与共享发展密不可分，共享发展要求发展为了人民、发展成果由人民共享，使全体人民在发展中有更多获得感，发展成果普惠人民群众。创新发展搞得成功不成功，最终的判断标准是人民是否享受到了发展的成果。

中国特色社会主义创新发展理念的人民本位观内涵，是从本质上区别于西方经济学创新理论的重要方面。虽然西方经济学某些学派的观点中，也能引申出一些关于强调创新发展依靠大众的思想，如创新生态系统理论强调创新主体的相互联系，新增长理

---

[1] 习近平.在省部级主要领导干部学习贯彻党的十八届五中全会精神专题研讨班上的讲话（2016年1月18日）[OL].[2016-05-10].http://www.xinhuanet.com//politics/2016-05/10/c_128972667.htm.

论强调人力资本外溢、社会学习互动是经济增长的重要源泉，以及强调经济增长的包容性等内容，但最有影响力的熊彼特的创新理论更多强调企业家是创新的主体，甚至将企业家精神等同于创新精神和冒险精神。而马克思主义政治经济学早就指出，虽然资本家为追求超额剩余价值不断努力创新，但工人在技术创新过程中发挥了重要作用，工人为了改善自身状况，通过"干中学"不断实现技术进步。第一次产业革命的开端，珍妮纺纱机的发明者哈格里夫斯就是一名纺织工人，而蒸汽机的发明者纽科门则是一名铁匠，这些发明对于工业发展和人类进步的意义重大。不仅如此，马克思还指出了职业创新者的存在对于创新的意义："发明成了一种特殊的职业。因此，随着资本主义生产的扩展，科学因素第一次被有意识地和广泛地加以发展、应用并体现在生活中，其规模是以往的时代根本想象不到的。"[1] 所以，马克思认为的创新主体更具广泛性，包括工人、资本家和职业创新者等。以习近平同志为核心的党中央坚持创新发展"本位"是广大人民群众的发展观，继承了马克思主义政治经济学的基本原理，同时结合了我国的国情，从根本上区别于西方经济学的创新发展理论，实现了发展观的新突破。

---

[1] 马克思,恩格斯.经济学手稿（1861—1863年）：资本的生产过程[M]// 马克思恩格斯全集：第四十七卷.中共中央马克思恩格斯列宁斯大林著作编译局,译.北京：人民出版社，1979：572.

全面系统观：以科技创新为核心，实现全面、系统的创新发展

以习近平同志为核心的党中央提出的创新发展理念，是一种具有全面性、系统性的创新发展观。所谓全面性，是指以科技创新为核心的包括社会、经济、文化、生态、教育、政治等各个领域在内的全面创新发展，也包括理论创新、技术创新、制度创新、管理创新等各个要素的创新，这意味着创新发展需要国家的全面创新体系支撑，其中科技创新又是整个国家全面创新体系的核心。所谓系统性，是指创新发展理念不是一个孤立的发展理念，而是十八届五中全会提出的创新、协调、绿色、开放和共享的新发展理念中的首位和核心发展理念；同时，以习近平同志为核心的党中央提出的创新发展理念与我党历代领导集体提出的创新思想是一脉相承的，具有系统继承性。这种创新发展的全面系统观是中国特色社会主义创新发展理念的又一重要内涵。

创新发展是以科技创新为核心的全面创新发展。创新，一直以来主要是指科技创新，以及由科技创新驱动的新产业、新业态、新模式等经济领域的活动，创新发展主要是通过创新活动来推动科技进步和经济发展。科技创新发展与经济创新发展无疑是国家发展的关键，正如习近平总书记指出的，"当今世界，科技创新已经成为提高综合国力的关键支撑，成为社会生产方式和生活方式变革进步的强大引领，谁牵住了科技创新这个牛鼻子，谁走好了科技创新这步先手棋，谁就能占领先机、赢得

优势"①。"科技创新是提高社会生产力和综合国力的战略支撑，必须摆在国家发展全局的核心位置。"②但是，科技创新是一种复杂的活动。当今世界上创新活动的竞争，不仅是一个企业或一个产业的竞争，而且是一个创新生态系统的竞争。这意味着，创新不仅仅是科学技术上的突破，而且涉及社会、科技、经济、文化、政治等各个方面。习近平总书记指出："实施创新驱动发展战略，就是要推动以科技创新为核心的全面创新，坚持需求导向和产业化方向，坚持企业在创新中的主体地位，发挥市场在资源配置中的决定性作用和社会主义制度优势，增强科技进步对经济增长的贡献度，形成新的增长动力源泉，推动经济持续健康发展。"③这要求我们必须强调创新国家体系的建设，推动科技和经济社会发展深度融合，打通从科技强到产业强、经济强、国家强的通道，加快建立健全国家创新体系，推动科技创新、产业创新、企业创新、市场创新、产品创新、业态创新、管理创新等各种形式的创新，形成以创新为主要引领和支撑的经济体系和发展模式。

创新发展不是孤立的，既与协调发展、绿色发展、开放发展、共享发展构成了"五位一体"新发展理念体系，又具有系统

---

① 习近平在上海考察时强调：当好全国改革开放排头兵，不断提高城市核心竞争力[OL].[2014-05-24].https://www.gov.cn/guowuyuan/2014-05/24/content_2686434.htm.
② 在中国科学院考察工作时的讲话（2013年7月17日）[M]// 习近平关于科技创新论述摘编.北京：中央文献出版社，2020.
③ 在中央财经领导小组第七次会议上的讲话（2014年8月18日）[M]// 习近平关于科技创新论述摘编.北京：中央文献出版社，2020.

继承性。其中，创新发展注重的是解决发展动力问题，协调发展注重的是解决发展不平衡问题，绿色发展注重的是解决人与自然和谐问题，开放发展注重的是解决发展内外联动问题，共享发展注重的是解决社会公平正义问题。五大新发展理念相互贯通、相互促进，但核心在于创新。以创新发展为核心的新发展理念，一是指明了发展的动力来自创新，来自不断推进理论创新、制度创新、科技创新、文化创新等各方面的创新；二是界定了发展的内涵重点，包括城乡区域协调发展、经济社会协调发展、"四化同步"发展、物质文明和精神文明协调发展、经济建设和国防建设融合发展、人与自然和谐发展、中国与世界深度融合的互利合作共同发展等重要内容；三是提出了发展的最终目标是实现全体人民共同富裕、共享发展成果。新发展理念一方面继承了以人为本、全面协调可持续的科学发展观，另一方面把创新摆在国家发展全局的核心位置，把发展基点放在创新上，这是在坚持科学发展观的基础上对我国发展理念的新突破。

创新发展理念下的创新驱动战略与政策

发展理念需要发展战略来落实，发展战略需要发展理念来指导。以习近平同志为核心的党中央提出的创新发展理念，需要通过强化战略导向来实现。所谓的国家社会经济发展，可以理解为这个国家社会经济发展达到众望所归的理想状态的过程，涉及经济增长、社会变革、历史更替、科技进步、文化演进等各个方面。

单就经济领域而言，一般发展经济学认为，经济发展是伴随着经济活动的质和量的提升，整个国家社会福利不断增加的过程。国家的社会经济发展问题可以说是人类社会面临的最为复杂的问题，这个问题的复杂性不仅表现在该问题涉及社会经济的各个方面，更重要的是什么才是众望所归的发展的理想状态，这个很难达成统一认识，往往受到社会价值观的影响。而社会价值观还会因空间和时间的差异而变化，也就是说，不同地区的人的价值观会不同，而同一个人的价值观也会随时间变化而变化。因此，社会经济发展首先要解决的是发展的理念问题，"理念是行动的先导，一定的发展实践都是由一定的发展理念来引领的"[1]。发展理念也就是有关社会经济发展的目的、动力、指导原则等有关发展的重大问题的基本认识和价值标准，在发展理念确定后才会以之为指导确定国家的发展战略或者发展规划，进一步具体的发展政策则是落实这些战略或者规划的手段或者措施。从发展的指导理念到发展的战略及规划，进而到促进发展的具体政策，构成了一个国家促进发展的整体治理逻辑。

以习近平同志为核心的党中央提出的创新、协调、绿色、开放、共享的新发展理念回答了我国发展的动力、方法论原则以及关于发展的一些重大问题。创新发展是由创新发展理念、创新发展战略、创新发展政策构成的国家创新发展治理逻辑。创新发展理念回答的是创新的目的、意义、主体、指导思想和方法论原则

---

[1] 《求是》杂志编辑部. 新时代我国发展壮大的必由之路 [J/OL]. 求是，2022（16）[2022-08-15]. http://www.qstheory.cn/dukan/qs/2022-08/15/c_1128913651.htm.

等有关创新的基本认识问题，而创新发展战略则是在创新发展理念指导下如何通过推进创新实现发展的长远性、战略性的未来规划，创新发展政策则是政府具体推进创新、实施创新战略的举措，三者在整体上构成了系统的、中国特色社会主义政治经济学中关于创新发展的理论框架。

围绕创新发展战略，我国已经形成了庞大的促进创新的政策体系。当前创新政策的体系涵盖了科研机构、高校、企业、中介机构等各类创新主体，覆盖了从基础研究、技术开发、技术转移到产业化等创新链条的各个环节，包括了科技政策、财政政策、税收政策、金融政策、知识产权、产业政策、竞争政策、教育政策等多样化的政策工具。党的十八大以来，围绕创新驱动发展战略，国家出台了一系列法律和政策。这些政策对于实施创新驱动发展战略、破除体制机制障碍、培育创新人才和完善使用机制发挥了很好的作用。

为什么提出新发展理念

新发展理念在习近平新时代中国特色社会主义思想中具有十分重要的地位，是习近平新时代中国特色社会主义思想中最重要也是最主要的理论和理念，是习近平经济思想的主要内容。习近平总书记指出："党的十八大以来我们对经济社会发展提出了许多重大理论和理念，其中新发展理念是最重要、最主要的。新发展理念是一个系统的理论体系，回答了关于发展的目的、动力、方式、路径等一系列理论和实践问题，阐明了我们党关于发展的政治立场、价值导向、发展模式、发展道路等重大政治问题。"[1]

---

[1] 习近平.论把握新发展阶段、贯彻新发展理念、构建新发展格局[M].北京：中央文献出版社，2021：479.

新发展理念的创造性提出，对社会主义现代化建设和经济社会发展中具有战略性、纲领性和引领性的重大问题做出全新阐释，系统深化了关于社会主义发展规律的理论认识，丰富发展了马克思主义发展观的理论内涵。

经济社会发展一般是指长期性的经济要素的成长、经济体系质和量的提升以及由此而引发的社会进步，表现为长期经济增长、经济效率提高和经济结构优化升级，进而由此推进的整个社会进步、整体国家发展和现代化的系统过程。有史以来，人类始终为实现经济发展这个经济社会进步的终极目标而不懈努力，在亚当·斯密等经济学家的理论中，经济发展的本质是伴随着经济活动的质和量的提升，经济社会文化整体上所实现的众望所归的理想状态。[1] 但问题在于什么是"众望所归的理想状态"，这本质上是一个经济发展观的问题。从更广泛的意义上讲，经济发展观涉及经济发展的动力、主体、过程、规律以及由此驱动的社会进步、现代化进程等基本内容，后面支撑的是人类社会发展的世界观和方法论。

中国共产党以马克思主义唯物史观为指导，十分重视发展问题，从新中国成立之初提出要在一个相当长的时期内逐步实现国家的社会主义工业化，到改革开放后将社会主义本质概括为解放和发展生产力、最终实现共同富裕；从党的十六届三中全会提出以人为本的全面协调可持续的科学发展观，到党的十八届五中全

---

[1] 秋山裕. 发展经济学导论（第四版）[M]. 北京：中国人民大学出版社，2014：2.

会提出创新、协调、绿色、开放、共享五大新发展理念，这一点都得到充分体现。党的十九大报告指出，发展是解决我国一切问题的基础和关键。而要解决发展问题，必须先解决发展观或者明确发展理念。理念是行动的先导，一定的发展实践都是由一定的发展理念引领的。正如习近平总书记所指出："发展理念是战略性、纲领性、引领性的东西，是发展思路、发展方向、发展着力点的集中体现。"[1] 发展理念不仅指明了什么是发展的"众望所归的理想状态"，还指明了如何实现这种发展的理想状态。

2015年10月，习近平总书记在党的十八届五中全会上提出了创新、协调、绿色、开放、共享五大新发展理念，要求以新发展理念引领发展，引领国民经济和社会发展第十三个五年规划，夺取全面建成小康社会决胜阶段的伟大胜利，并强调坚持这五大新发展理念是关系到我国发展全局的一场深刻变革。新发展理念作为一个理论体系，由创新发展理念、协调发展理念、绿色发展理念、开放发展理念和共享发展理念五大理念组成。这五大新发展理念集中反映了我们党对经济社会发展规律认识的深化，也是针对我国发展中的突出矛盾和问题提出的。创新发展注重的是解决发展的动力问题，创新发展理念要求崇尚创新，明确创新是引领发展的第一动力；协调发展注重的是解决发展不平衡问题，协调发展理念要求注重协调，强调协调是持续健康发展的内在要求；绿色发展注重的是解决人与自然和谐

---

[1] 习近平.论把握新发展阶段、贯彻新发展理念、构建新发展格局[M].北京：中央文献出版社，2021：39.

问题，绿色发展理念要求倡导绿色，认为绿色化是永续发展的必要条件和人民对美好生活的重要体现；开放发展注重解决发展的国家内外联动问题，开放发展理念要求厚植开放，坚持开放是国家繁荣发展的必由之路；共享发展注重的是解决社会公平正义问题，共享发展理念要求推进共享，把共享作为社会主义的本质要求和发展的根本目标。这五大新发展理念虽然是分开表述，也分别注重解决不同方面的问题，但从国家发展的角度看却是一个相互贯通、相互促进、内在联系的系统。五大新发展理念是一个整体系统，是一个系统的理论体系，在实践中要统一贯彻，不能顾此失彼，也不能相互替代。[1]

新发展理念不是凭空得来的，既是在深刻总结国内外发展经验教训基础上形成的对经济社会发展规律认识的深化，也是针对我国发展中的突出矛盾和问题提出来的。新发展理念是在中国特色社会主义事业发展进入新时代背景下提出来的。进入新时代，中国经济社会发展的一系列条件发生了深刻变化，这些深刻变化集中体现在社会主要矛盾已经转化为人民日益增长的美好生活需要和不平衡不充分的发展之间的矛盾，新发展理念是这一主要矛盾转化所提出的历史必然要求。[2] 从经济发展看，中国特色社会主义进入新时代以后，中国经济发展也出现了阶段性变化的特征。从速度、结构和政策三方面特征化事实看，中国在 2013 年经济

---

[1] 习近平. 论把握新发展阶段、贯彻新发展理念、构建新发展格局[M]. 北京：中央文献出版社，2021：40-43.
[2] 刘伟. 坚持新发展理念，推动现代化经济体系建设[J]. 管理世界，2017（12）.

发展进入增长速度换挡期、结构调整阵痛期、前期刺激政策消化期"三期叠加"阶段；进一步从消费需求、投资需求、出口和国际支出、生产能力和产业组织方式、生产要素相对优势、市场竞争特点、资源环境约束、经济风险积累和化解、资源配置模式和宏观调控等各方面看，我国经济发展具备了从高速转向中高速、经济结构持续优化、经济增长动力转换的经济新常态特征，总体上中国经济已从高速增长阶段转向高质量发展阶段。2021年，党的十九届五中全会提出，我国社会主义现代化进入了一个新发展阶段，这个新发展阶段即是全面建设社会主义现代化国家新征程。从"三期叠加"到"经济新常态"，再到高质量发展阶段和新发展阶段，都是一以贯之的，体现了我国进入新时代经济社会发展的主要矛盾已经发生了深刻变化。发展条件和发展环境变化，自然要求发展理念的变化。

习近平总书记在2015年提出新发展理念之后，多次在重要会议上，尤其是在每年的中央经济工作会议上，反复强调新发展理念，要求完整、准确、全面贯彻新发展理念，将新发展理念作为新发展阶段有关经济社会发展全局的最重要的指导理论和理念。2016年1月，习近平总书记在省部级主要领导干部学习贯彻党的十八届五中全会精神专题研讨班上，针对新发展理念围绕着力实施创新驱动发展战略、着力增强发展的整体性协调性、着力推进人与自然和谐共生、着力形成对外开放新体制、着力践行以人民为中心的发展思想五方面问题进行了全面论述，从理论和实际、历史与现实各个角度结合重大问题对新发展理念进行了全面阐释。[①]

2017年10月，在党的十九大报告中，关于新时代中国特色社会主义的十四个基本方略中，"坚持新发展理念"作为第四个基本方略，涵盖了坚持和完善基本经济制度和分配制度，坚持完善社会主义市场经济体制，推动新型工业化、信息化、城镇化、农业现代化同步发展，发展更高层次开放型经济等内容。习近平总书记在十九大报告中进一步提出我国经济已经由高速增长阶段转向高质量发展阶段，要求"贯彻新发展理念，建设现代化经济体系"，具体需要实施深化供给侧结构性改革，加快建设创新型国家，实施乡村振兴战略、区域协调发展战略，加快完善社会主义市场经济体制，推动形成全面开放新格局六方面战略。[②] 从中可以看出，十九大报告赋予了新发展理念统领经济社会发展全局的地位。在2017年12月的中央经济工作会议公报中，提出了"以新发展理念为主要内容的习近平新时代中国特色社会主义经济思想"这一概念，并且指出这是中国特色社会主义政治经济学的最新成果。

在2019年中央经济工作会议上，习近平总书记进一步强调新时代推进经济社会发展必须坚定不移地贯彻新发展理念，推进高质量发展。新发展理念是整体的、全方位的、多层次的，绝不是只有经济指标这一项，必须紧紧扭住新发展理念推动发展，把

---

① 习近平.论把握新发展阶段、贯彻新发展理念、构建新发展格局[M].北京：中央文献出版社，2021：80-97.
② 本书编写组.党的十九大报告辅导读本[M].北京：人民出版社，2017：19-20，29-35.

注意力集中到解决各种不平衡不充分的问题上，决不能再回到简单以国内生产总值增长率论英雄的老路上去。①

2021年1月，习近平总书记在省部级主要领导干部学习贯彻党的十九届五中全会精神专题研讨班上，要求准确把握新发展阶段，深入贯彻新发展理念，加快构建新发展格局，推进"十四五"时期高质量发展，确保全面建设社会主义现代化国家开好局，起好步。针对新发展理念，要求从以人民为中心的根本宗旨上把握新发展理念，从新发展阶段新要求的问题导向上把握新发展理念，从安全发展、忧患意识上把握新发展理念。②这就系统论述了"三新一高"的发展理论体系。2021年1月28日，中共中央政治局在第27次集体学习时，习近平总书记围绕完整、准确、全面贯彻新发展理念提出了扎扎实实贯彻新发展理念、落实以人民为中心的发展思想、继续深化改革开放、坚持系统观念、善于从政治看问题五方面要求。③

---

① 习近平.论把握新发展阶段、贯彻新发展理念、构建新发展格局[M].北京：中央文献出版社，2021：333-334.
② 习近平.论把握新发展阶段、贯彻新发展理念、构建新发展格局[M].北京：中央文献出版社，2021：475-482.
③ 习近平.论把握新发展阶段、贯彻新发展理念、构建新发展格局[M].北京：中央文献出版社，2021：500-506.

新时代的发展观与现代化观

理念是上升为理性高度的观念,理论是系统完整的理念。发展理念是有关经济社会发展的理性的观念,需要从观念层面回答什么是发展、如何发展、为谁发展等一系列关于经济社会发展的基本问题。一方面,发展理念用于指导经济社会发展,具有主观选择的特性;另一方面,发展理念绝不是凭空产生,而是建立在对经济社会发展客观规律认识深化基础上的,这也就是发展理念的理论性所在。新发展理念是以马克思主义为指导,在总结概括关于发展的历史经验、吸收借鉴已有发展理论、结合我国新时代发展的实践的基础上形成的关于发展的理性观念。新发展理念是一个关于新时代中国特色社会主义现代化事业建设的全方位的发展理念体系，其理论性既体现在新发展理念所揭示的关于经济社会发展的总体的、系统的规律性认识层面，又体现在新发展理念所揭示的关于经济社会发展的创新、协调、绿色、开放和共享五方面发展领域的具体的规律性认识层面。

总体上看，新发展理念明确了新时代经济社会发展的发展观和现代化观，从理论上回答了发展的根本立场、总体目的、本质要求等基本问题，深化了对中国式现代化建设中人的全面发展规律的认识。实现社会主义现代化和中华民族伟大复兴，是新时代中国特色社会主义建设的总任务。这意味着中国经济社会发展的目标是实现社会主义现代化和中华民族伟大复兴。围绕着为中国人民谋幸福、为中华民族谋复兴，中国共产党领导中国人民成功开辟了中国式现代化的发展道路。中国式现代化的根本立场是坚持以人民为中心的发展思想、坚定不移地走全体人民共同富裕的道路，这从本质上区分了中国式现代化与西方现代化。中国式现代化是人口规模巨大的现代化，是全体人民共同富裕的现代化，是物质文明和精神文明相协调的现代化，是人与自然和谐共生的现代化，是走和平发展道路的现代化。新发展理念全面体现了以人民为中心的发展思想和中国式现代化的特征。习近平总书记指出："人民是我们党执政的最深厚基础和最大底气。为人民谋幸福、为民族谋复兴，这既是我们党领导现代化建设的出发点和落脚点，也是新发展理念的'根'和'魂'。只有坚持以人民为中心的发展思想，坚持发展为了人民、发展依靠人民、发展成果由人民共享，才会有正确的发展观、现代化观。"[①] 因此，新发展理念所体现的发展观、现代化观，将"以人民为中心"作为发展和现代化的根本立场、总体目标和本质要求，新发展理念虽然具体分为五大发展理念，但总体上都是围绕着"人民的根本利益"，都贯穿着"人民的根本利益"。[②] 这正是新发展理念指导的中国式现代化与当今世界其他形形色色的现代化理论和模式的根本区别所在。

新发展理念所体现的发展观和现代化观，将马克思主义发展观的基本原理和方法与当代中国发展实践和中国式现代化建设要求进行了有机结合，[③] 对马克思恩格斯关于经济的社会发展理论和人的全面发展理论进行了当代阐释与现实应用。[④] 新发展理念坚持以人民为中心的发展思想，深化了对人的自由全面发展规律的认识，丰富发展了马克思主义政治经济学关于社会主义本质的理论。[⑤] 新发展理念关于现代化的发展规律的认识的深化，具有普遍的理论价值，尤其是对于那些既希望加快发展又希望保持自身独立性的发展中国家和民族，对世界各国摆脱传统发展模式的窠臼、跨越所谓的中等收入陷阱，提供了可资借鉴的中国方案和

---

① 习近平.论把握新发展阶段、贯彻新发展理念、构建新发展格局[M].北京：中央文献出版社，2021：479.
② 杨根乔.论习近平以人民为中心的新发展理念[J].当代世界与社会主义，2019（2）：93；刘书林.论新发展理念的理论视野与现实需要[J].政治学研究，2022（2）.
③ 王仕国.五大发展理念与马克思主义发展观的新发展[J].求实，2016（11）：12-20.
④ 顾海良.发展理念的新时代政治经济学意义[J].经济研究，2017（11）：15-17.
⑤ 中共中央宣传部，国家发展和改革委员会.习近平经济思想学习纲要[M].北京：人民出版社，学习出版社，2022（6）：7.

发展理念。

具体而言，创新发展、协调发展、绿色发展、开放发展和共享发展的发展理念分别从五个方面深化了对中国式现代化过程的规律性认识，系统回答了实现中国式现代化所要求的发展目标、发展动力、发展方式、发展路径等一系列根本问题。新发展理念遵循了现代化进程中的经济规律的创新发展、自然规律的可持续发展、社会规律的包容性发展等重要理论，提出的创新是发展的第一动力、协调是发展的内生需要、绿水青山也是金山银山、开放是国家繁荣发展的必由之路、实现全体人民共同富裕是社会主义本质要求等核心观点，进一步深化了对社会主义现代化建设中的经济发展规律、自然科学规律和社会发展规律的认识。[1]

一是创新发展理念从理论上回答了新时代经济社会发展的根本动力问题，深化了中国式现代化建设中关于创新驱动发展的规律性认识。创新发展是第一位的新发展理念，其基本内涵要求是：充分认识创新是引领发展的第一动力，把创新摆在国家发展和现代化全局的核心位置，坚持创新发展，以创新发展理念引领发展方式转变，推动质量变革、效率变革、动力变革，实现更高质量、更有效率、更加公平、更可持续、更为安全的发展。从理论层面看，创新发展理念是马克思主义政治经济学中国化时代化的新进展，是中国特色社会主义政治经济学的重要篇章。创新是有目的的、前所未有的、创造性的、复杂的高级实践活动，对应

---

[1] 余立, 孙劲松. "新发展理念"：习近平关于现代化发展理念的检视、重构和开拓[J]. 理论与改革, 2017（06）：64-72.

物质生产实践、社会关系实践与科学实验等人类实践活动，具体包括技术创新、制度创新、科学创新等基本形式。创新是一种渗透性的生产要素，可以提高劳动者的能力、促进资本积累以及改进劳动资料特别是生产工具，可以将科学知识转化为生产力，引发生产工具变革，从而推动生产关系的变革；可以把巨大的自然力和自然科学并入生产过程，使生产过程科学化，进而对提高生产力和经济发展发挥巨大的促进作用。创新不仅仅对经济增长具有促进作用，还是推动社会发展的革命性力量，不仅表现在对没落社会制度的摧毁上，也表现在对先进社会制度的引领和推进上。[1] 在一定意义上，创新本身就是生产力概念的延伸。[2] 西方经济学中新古典增长理论（外生增长理论）、新增长理论（内生增长理论）、演化经济理论等也从不同视角论述了技术进步对经济增长的意义以及内在机理。创新发展理念在继承和发展马克思主义政治经济学生产力发展的理论基础上，极大地拓展了创新的内涵和外延，深化了有关技术进步促进经济增长、科学技术发展规律等方面的理论认识，指出现代化的发展动力是基于经济发展规律、科技发展规律的不断创新，人类社会现代化只能通过不断创新和提供新的资源以满足不断增长的人类需要来实现。

　　二是协调发展理念从理论上回答了新时代经济社会发展的方法论问题，深化了中国式现代化建设中关于发展整体性、协调性、

---

[1] 黄群慧.论中国特色社会主义的创新发展理念[N].光明日报，2017-09-05（14）.
[2] 裴长洪，赵伟洪.习近平中国特色社会主义经济思想的时代背景与理论创新[J].经济学动态，2019（4）：3-17.

平衡性的规律性认识。新发展理念中的协调发展理念给出了解决发展问题的方法论,[①]要求新时代推进经济社会发展必须注重发展的整体性、协调性和平衡性,发展手段和发展路径都要着眼于解决发展不平衡问题,发展目标和发展标准要体现发展的协调性和平衡性要求。从哲学方法论上看,协调发展理念遵循了事物是普遍联系的唯物辩证法,认为经济社会发展是一个各发展要素相互联系、相互作用的整体性运动,必须从内在联系的观点去把握整个发展过程。从经济学角度看,这是社会化大生产条件下经济体系运行的必然要求。无论是马克思主义政治经济学两大部类保持合适比例的社会再生产理论,还是毛泽东的"论十大关系",抑或是新时代中国特色社会主义事业"五位一体"总体布局和"四个全面"的战略布局,都体现了对发展的整体性、协调性、平衡性规律的遵循。坚持协调发展理念,就是要求学会"弹钢琴",增强发展的整体性、协调性、平衡性,就是要注重发展机会平等、资源配置均衡,这是中国式现代化进程中推进经济社会发展必须遵循的方法论原则,也是对中国式现代化的基本特征和整体性、协调性、平衡性规律的认识深化。新时代我国经济社会主要矛盾是人民日益增长的美好生活需要和不平衡不充分的发展之间的矛盾,这更需要处理好局部和全局关系,着力推进产业协调发展、区域协调发展、城乡协调发展、物质文明和精神文明协调发展,同步推进新型工业化、城镇化、信息化和农业现代化。需要

---

① 田鹏颖.协调:从发展理念到方法论创新[J].中国特色社会主义研究,2016(3):18-23.

说明的是，协调发展理念不是要求遵循平均主义"大锅饭"方法论原则，而是更加强调发展过程中必须重视努力破解不平衡、不协调、不可持续的突出问题，补齐短板，挖掘潜力，增强后劲。

三是绿色发展理念从理论上回答了新时代经济社会发展中人与自然的关系问题，深化了中国式现代化建设中关于人与自然和谐共生的规律性认识。新发展理念的绿色发展理念要求解决好人与自然和谐共生问题，要求人类社会发展活动必须尊重自然、顺应自然、保护自然，遵循自然发展规律。在如何处理经济发展与自然环境保护的关系的问题上，习近平总书记提出了"绿水青山就是金山银山""保护环境就是保护生产力、改善环境就是发展生产力"等重要的理论论断，要求"一定要树立大局观、长远观、整体观……坚定推进绿色发展，推进自然资本大力增值。"[①]绿色发展理念蕴含着重大的理论价值，一方面是对马克思主义绿色发展观的传承和创新，将生态环境纳入生产力范畴，开辟了马克思主义生态思想和马克思主义政治经济学的新境界，书写了中国特色社会主义政治经济学新篇章；另一方面也是对千百年来人与自然关系的规律性认识的科学总结和关于人与自然关系思想认识的理性升华，对人类社会的现代化理论和面临的发展与环境相容性问题的科学反思。[②]在绿色发展理念的指导下，我国主动适应社

---

① 习近平.论把握新发展阶段、贯彻新发展理念、构建新发展格局[M].北京：中央文献出版社，2021：90.
② 黄茂兴，叶琪.马克思主义绿色发展观与当代中国的绿色发展——兼评环境与发展不相容论[J].经济研究，2017（6）；朱东波.习近平绿色发展理念：思想基础、内涵体系与时代价值[J].经济学家，2020（03）：5-15.

会主要矛盾变化以及构建现代化经济体系的内在要求，坚持节约资源和保护环境的基本国策，努力推动形成绿色发展方式和生活方式，在积极推进中国式现代化进程的同时，也为全球环境治理提供了中国智慧与中国方案。

四是开放发展理念从理论上回答了新时代经济社会发展中的中国与世界关系问题，深化了中国式现代化建设中的关于经济全球化的规律性认识。新发展理念中的开放发展理念所揭示的是：现代化进程中的国家发展本质上是一个国家主动顺应经济全球化潮流、与世界各国合作互利共赢，从而实现国家繁荣发展的过程。开放发展理念为中国式现代化指明了提高内外联动性和进一步主动参与、推动、引领经济全球化的基本方向。马克思、恩格斯关于世界贸易、世界市场、世界历史的重要论述，揭示了经济全球化的本质、逻辑和过程，构成了开放发展理念关于认识经济全球化的理论基础。而开放发展理念的提出，又进一步深化了对经济全球化规律的认识，丰富发展了马克思主义政治经济学关于世界经济的理论内涵。改革开放以来，我国经济发展所取得的伟大成就，已经证明坚持开放发展理念、主动顺应经济全球化潮流，是实现现代化必须遵循的历史规律。"面对经济全球化大势，像鸵鸟一样把头埋在沙里假装视而不见，或者像堂吉诃德一样挥舞长矛加以抵制，都违背了历史规律。"[①] 如今，中国已经被认为是世界上推动贸易和投资自由化便利化的旗手。坚持开放发展理念，

---

① 中共中央宣传部，国家发展和改革委员会.习近平经济思想学习纲要[M].北京：人民出版社，学习出版社，2022：135.

推进全方位对外开放战略，实施更大范围、更高水平、更宽领域、更深层次的对外开放，建设更高水平的开放型新体制，积极参与全球治理体系，推进各国携手打造人类命运共同体，推进构建广泛的利益共同体，既是中国式现代化的必然要求，也是经济全球化潮流的发展方向。

五是共享发展理念从理论上回答了新时代经济社会发展的根本目的问题，深化了中国式现代化建设中关于共同富裕和包容性发展的规律性认识。新发展理念的共享发展理念，要求做到促进社会公平正义、让发展成果更多地惠及全体人民，实现发展为了人民、发展依靠人民、发展成果由人民共享。共享发展理念的主要内涵包括四个方面：在共享覆盖面上实现人人享有、各得其所的"全民共享"；在共享内容上实现经济、政治、文化、社会、生态各方面建设成果的"全面共享"；在共享实现途径上实现发扬民主、人人参与的"共建共享"；在共享发展过程上实现由低级向高级、从不均衡到均衡的"渐进共享"。共享发展理念的实质就是坚持以人民为中心的发展思想，体现了人民是推动发展的根本力量的唯物史观，体现了逐步实现共同富裕的基本要求。而全体人民共同富裕是社会主义的根本原则，是中国特色社会主义的本质要求，是中国式现代化的重要特征。因此，共享发展理念体现了中国经济社会发展和中国式现代化建设的根本目的和基本要求，是社会主义现代化观、发展观在新发展理念中的集中体现，它丰富发展了马克思主义关于社会主义建设规律的认识。以共享发展理念为指导，实现全体人民共同富裕，是一个长期的历史过程，我们要稳步朝着这个目标迈进。中国已经打赢脱贫攻坚战，全面建成了小康社会。在新发展阶段，到"十四五"时期末，全体人民共同富裕迈出坚实步伐，居民收入和实际消费水平差距逐步缩小；到2035年，全体人民共同富裕取得更为明显的实质性进展，基本公共服务实现均等化。到21世纪中叶，全体人民共同富裕基本实现，居民收入和实际消费水平差距缩小到合理区间。

科学把握新发展理念的系统性

新发展理念不仅仅具有理论性，还具有系统性。虽然新发展理念包括创新发展、协调发展、绿色发展、开放发展、共享发展五大发展理念，但五大理念是一个有机整体，五大理念之间是辩证的关系，它们既互相联系、互相作用，又互相区别、互相对立，构成了完整的理念体系。[①]五大发展理念也就是五方面发展理论，它们进一步系统化为一个理论体系。习近平总书记关于"新发展理念是一个系统的理论体系"的重要论述，深刻揭示了新发展理念的系统性，对于我们完整、准确、全面贯彻新发展理念，加快

---

① 邱海平. 新发展理念的重大理论和实践价值——习近平新时代中国特色社会主义经济思想研究[J]. 政治经济学评论，2019，10（6）：42-55.

构建新发展格局具有重要意义。因此，只有深刻认识新发展理念的系统性，才能把握新发展理念的科学内涵和重大意义。关于新发展理念的系统性，至少可以从以下几方面认识和把握。

一是新发展理念形成了具有中国特色的"系统化的经济学说"，以创新发展、协调发展、绿色发展、开放发展、共享发展五方面内容体系开拓了当代中国马克思主义政治经济学的新境界。习近平总书记指出："我们要立足我国国情和我们的发展实践，深入研究世界经济和我国经济面临的新情况，揭示新特点新规律，提炼总结经济发展实践的规律性成果，把实践经验上升为系统化的经济学说，不断开拓当代马克思主义政治经济学新境界，为马克思主义政治经济学创新发展贡献中国智慧。"[1] 新发展理念就是这样一个对经济发展实践规律性成果进行提炼总结、把实践经验进行升华而形成的最主要的"系统化经济学说"，[2] 是党的十八大以来党中央推动经济发展中获得的感性认识的升华，是对推动经济发展实践的理论总结。新发展理念认为，发展是解决我国一切问题的基础和关键，而发展必须是科学发展，必须坚定不移贯彻创新、协调、绿色、开放、共享的发展理念。我们知道，经济增长和经济发展是经济学、经济理论学说关注的核心问题。新发展理念对经济发展的目的、动力、方式、路径等经济理论学说的核心问题进行了系统回答，对经济现代化规律、人的全面发展规

---

[1] 习近平关于社会主义经济建设论述摘编 [M]. 北京：中央文献出版社，2017：327-328.
[2] 顾海良. 习近平新时代中国特色社会主义经济思想与"系统化的经济学说"的开拓 [J]. 马克思主义与现实，2018（05）：23-30.

律、创新驱动发展规律、经济结构规律、可持续发展规律、经济全球化规律、共同富裕规律等各方面经济理论学说进行了全面深化。无论是总体上看新发展理念，还是分别看五大发展理念，都有深厚的马克思主义政治经济学的学理基础——将生产力和生产关系辩证统一起来，将解放、发展和保护生产力系统结合起来，形成系统化的经济学说。因此，新发展理念的提出开辟了中国特色社会主义政治经济学的新境界，其系统化的经济学说充分体现了中国特色、中国风格、中国气派。[1]更进一步地，如果以新发展理念为指导，可以合乎逻辑地形成总论、创新发展篇、协调发展篇、绿色发展篇、开放发展篇和共享发展篇六部分的中国经济学内容体系。在总论部分，围绕以人民为中心的发展思想和中国式经济现代化理论，整体分析描述中国经济发展过程和经济增长奇迹；在创新发展篇，全面分析中国的技术进步、资本市场发展、人口红利与人力资本发展、全要素生产率、国有企业改革与社会主义市场经济体制创新等重大问题；在协调发展篇，深入研究中国工业化、城镇化、农业与农村发展、二元经济、区域协调发展、现代产业体系等重大问题；在绿色发展篇，可以深入分析"两山理论"与环境保护、"双碳"目标与气候变化、资源开发利用等重大问题；在开放发展篇，可以围绕中国国际贸易、"一带一路"、产业链与价值链、经济全球化、中国国际收支等重大问题展开论述；在共享发展篇，可以围绕社会主义生产目的、消除贫困、缩

---

[1] 洪银兴.新发展理念与中国特色社会主义政治经济学的新发展[J].南京政治学院学报，2017（01）：1-5.

小收入差距、基本公共服务体系建设等重大问题展开论述。

二是坚持以人民为中心的发展思想是贯穿新发展理念的系统性逻辑主线。创新发展、协调发展、绿色发展、开放发展和共享发展五大新发展理念，虽然分别从五个方面回答了发展的目的、动力、方式、路径等重大理论和实践问题，但是都从不同方面很好地体现了坚持以人民为中心的发展思想，体现了发展为了人民、发展依靠人民、发展由人民共享的理念。也就是说，贯彻五大新发展理念系统性逻辑主线，系统地体现了坚持以人民为中心的发展思想。五大新发展理念虽然表述和注重的问题不同，但都系统地统一在坚持以人民为中心的发展思想上。共享发展理念作为新发展理念中发展目标层面的发展理念，要全民共享、全面共享、共建共享和渐进共享，全面体现了以人民为中心的发展思想和全体人民共同富裕的社会主义本质要求；创新发展理念作为新发展理念中动力层面的发展理念，也充分体现了以人民为中心的发展思想，具体包括要充分尊重群众的首创精神，着眼于解放和发展生产力，创新方向要围绕满足人民日益增长的美好生活的需要，创新成果也要由全体人民共享；协调发展理念，既是经济健康可持续发展的内在要求，也是缩小区域和城乡差距、不合理的行业收入差距，进而促进全体人民共同富裕的必然需要；绿色发展理念，既体现了尊重自然、人与自然和谐共生的发展要求，也是人民追求美好生态环境、实现美好生活的发展需要；开放发展理念要求坚定不移地全面对外开放，这是我国经济发展的重要法宝，是实现现代化的必由之路，也是国家强盛、人民富裕的发展路径和重要保障。

三是实现高质量发展是贯彻新发展理念的系统性体现。我国经济已由高速增长阶段转向高质量发展阶段，经济建设的主要任务是促进经济高质量发展。在微观层面，质量被认为是事物、工作、产品满足要求的优劣程度，包括产品质量、服务质量、工程质量和环境质量等。国际标准化组织在ISO9000系列中将质量界定为一组固有特性满足相关方要求的程度。而从宏观层面看，所谓经济发展质量，可以理解为经济发展特性满足新发展理念要求的程度，满足新发展理念要求程度越高，意味着经济发展质量越高。经济高质量发展就是经济发展能够更高程度体现新发展理念要求、解决发展不平衡不充分问题、满足人民日益增长的美好生活的需要。高质量发展应该具有创新是第一动力、协调成为内生需要、绿色成为普遍形态、开放成为必由之路、共享成为根本目的的一组经济发展特性。这意味着，经济增长质量高低要用是否符合新发展理念来界定和衡量。经济高质量发展主要表现在以下几个方面：一是经济增长驱动力主要来自创新，二是经济增长具有区域、产业、社会等各方面的内在协调性，三是绿色增长、人与自然和谐是经济增长的普遍形态，四是全面开放、内外联动是经济增长的必由路径，五是经济增长成果由全体人民共享。所以，从这个角度看，新发展理念的系统性体现在贯彻五大新发展理念系统集成而来的经济高质量发展要求上。

四是新发展理念是立足新发展阶段、构建新发展格局、实现中国式现代化的系统性指导原则。习近平总书记强调指出："进入新发展阶段、贯彻新发展理念、构建新发展格局，是由我国经济社会发展的理论逻辑、历史逻辑、现实逻辑决定的，三者紧密关联。进入新发展阶段明确了我国发展的历史方位，贯彻新发展理念明确了我国现代化建设的指导原则，构建新发展格局明确了我国经济现代化的路径选择。"[1]这要求我们在认识和把握新发展理念时，要将新发展阶段、新发展理念和新发展格局联系起来看，绝不能割裂开考虑。我们必须认识到，立足新发展阶段是贯彻新发展理念、构建新发展格局的现实依据，贯彻新发展理念为立足新发展阶段、构建新发展格局提供了行动指南，构建新发展格局则是应对新发展阶段机遇和挑战、贯彻新发展理念的战略选择。因此，要从发展阶段、发展理念、发展战略三者相互联系的角度来理解和把握新发展理念的系统指导性。另外，从实现中国式现代化角度看，新发展理念从理念层面回答了经济现代化进程中的动力、路径、目标等重大问题，也是中国式现代化的系统性理论指南。[2]其中，创新发展注重的是解决现代化动力问题，指明了新时代推进现代化进程的第一动力是创新；协调发展注重的是解决现代化进程中不平衡问题，实现协调发展，既是现代化的目标要求，也是现代化的发展方式路径；绿色发展注重的是解决人与自然和谐问题，

---

[1] 习近平.论把握新发展阶段、贯彻新发展理念、构建新发展格局[M].北京：中央文献出版社，2021：487-488.
[2] 黄群慧.新时代中国经济现代化的理论指南[N].经济日报，2021-10-21（12）.

在未来现代化社会中,绿色、人与自然和谐一定是一个普遍的发展状态;开放发展注重的是解决现代化进程中的内外联动问题,是一个国家实现现代化的必由之路;共享发展注重的是解决现代化的社会公平正义问题,推进共享发展、实现共同富裕也正是中国式现代化道路的本质特征要求。五大新发展理念不是孤立的,而是一个系统的、贯穿新时代社会主义现代化进程的、指导现代化建设的紧密联系的理论体系。

深刻理解统筹发展和安全

新发展理念作为一个关于发展的系统的理论体系，其重大意义不仅仅在于提供关于发展问题的新的规律性认识，还在于其指导发展的实践性，也就是其在正确认识世界的基础上有效改造世界。[①] 党的十八大以来，以新发展理念为指导，中国制定实施了一系列发展战略，中国经济发展和现代化建设取得了历史性的伟大成就，这充分证明新发展理念的科学指导意义。

新的时代，党中央以中国式现代化战略为总领，按照新发展理念要求，重点部署实施了几十项战略，具体包括科教兴国、人

---

① 董振华. 新发展理念的理论逻辑和实践品格 [N]. 光明日报，2017-09-06（15）.

才强国、创新驱动发展、扩大内需、乡村振兴、新型城镇化、区域协调发展、主体功能区、可持续发展、开放、就业优先、健康中国、人口发展、国家安全、文化强国等多方面的重大战略，构建形成了统一衔接、层次清晰、关联紧密、支撑有力的一体化国家发展战略体系。[①] 为深入贯彻新发展理念，有效实施国家发展战略，"十三五"和"十四五"两个五年发展规划中列出了具体的相关约束性指标和预期性指标。对应五大新发展理念，除了开放发展理念难以进行量化指标直接对应，其他四大新发展理念在指标体系中均有不同程度的反映。关于贯彻新发展理念的具体战略部署及相应描述指标如表 1-1 所示。

表 1-1 新发展理念指导下的战略部署及相应指标描述

发展理念	战略部署	"十三五""十四五"规划中的代表性指标
总体新发展理念	中国式现代化战略	GDP 增速、全员劳动生产率
创新发展理念	科教兴国战略、国际科技合作战略、人才强国战略、人才优先发展战略、创新驱动发展战略、国家大数据战略、工业互联网创新发展战略、网络强国战略、网络信息领域核心技术设备攻坚战略、知识产权强国战略、制造强国战略、质量强国战略、标准化战略、扩大内需战略等	全社会研发经费投入增长、每万人口高价值发明专利拥有量、数字经济核心产业增加值占比、科技进步贡献率、互联网普及率
协调发展理念	乡村振兴战略、新型城镇化战略、区域重大战略、区域协调发展战略、主体功能区战略、哲学社会科学整体发展战略、文化产业数字化战略	服务业增加值比重、人口城市化率、居民人均可支配收入

---

① 国家发展改革委发展战略和规划司. 深入推进中国式现代化的战略擘画 [N]. 经济日报，2021-11-02（11）.

（续表）

发展理念	战略部署	"十三五""十四五"规划中的代表性指标
绿色发展理念	可持续发展战略、积极应对气候变化战略、能源生产和消费革命战略	单位GDP能源消耗和二氧化碳排放、地级及以上城市空气质量优良天数比率、地表水达到或好于Ⅲ类水体比例、森林覆盖率、耕地保有量、非化石能源占一次能源消费比重、森林发展、主要污染物排放总量减少、新增建设用地规模、空气质量、地表水质量
开放发展理念	互利共赢的开放战略、优进优出战略、"走出去"战略、人民币国际化战略、自由贸易区提升战略	
共享发展理念	就业优先战略、健康中国战略、全民健身战略、慢性病综合防控战略、人口中长期发展战略、积极应对人口老龄化战略	城镇调查失业率、劳动年龄人口平均受教育年限、每千人拥有执业（助理）医师数、基本养老保险参保率、每千人拥有3岁以下婴幼儿托位数、农村贫困人口脱贫、人均预期寿命

资料来源：国家发展改革委发展战略和规划司. 深入推进中国式现代化的战略擘画[N]. 经济日报，2021-11-02（11）；中华人民共和国国民经济和社会发展第十四个五年规划和2035年远景目标纲要[M]. 北京：人民出版社，2021：11-12；中华人民共和国国民经济和社会发展第十三个五年规划纲要[M]. 北京：人民出版社，2017：10.

进入新时代，以新发展理念为指导，中国经济发展和现代化建设取得了历史性成就。从整体上看，新时代十年，中国经济实力跃升新台阶，中国经济总量由2012年的53.9万亿元上升到2021年的114.4万亿元，占世界经济比重从11.3%上升到超过18%。[①] 中国式现代化迈入向第二个百年奋斗目标进军的新发

[①] 数据来源：国家发展改革委官网，"中国这十年"系列主题新闻发布会[OL].[2022-06-28]. https://www.ndrc.gov.cn/fzggw/wld/sw/lddt/202206/t20220628_1329040.html.

展阶段，全面建成了小康社会，基本实现了工业化，为开启社会主义现代化新征程、进入新发展阶段、构建新发展格局、实现新的更高目标奠定了雄厚坚实的物质基础，为世界上希望实现现代化而又保持自身独立性的国家和民族提供了全新选择。这在党史、新中国史、改革开放史、社会主义发展史、中华民族发展史上均具有里程碑意义。

具体从创新发展、协调发展、绿色发展、开放发展和共享发展五个层面看：一是在创新发展理念指导下，深入实施创新驱动战略，创新发展取得新成效。世界知识产权组织（WIPO）发布的《2021年全球创新指数报告》显示，2021年中国排名第12位，相比2012年的第34位，中国全球创新指数排名十年上升了22位，自2013年起中国全球创新指数排名连续9年稳步上升。[①]据国家统计局社科文司中国创新指数研究课题组测算，如果2005年中国创新指数为100，那么2012年中国创新指数就是148.2，2020年中国创新指数就是242.6，不到10年中国创新指数增加了近100。[②]

二是在协调发展理念指导下，推进供给侧结构性改革，经济发展协调性进一步提升。在产业发展方面，总体上更加趋于协同，结构性问题趋于缓解，实体经济内部的产能相对过剩问题基本得到化解，传统产业转型升级步伐加快，推动制造业转向高质量发

[①] 袁于飞.二〇二一全球创新指数中国第十二：连续九年稳步上升[N].光明日报，2021-09-22（08）.

[②] 数据来源：2020年中国创新指数增长6.4%[OL].[2021-10-29].https://www.stats.gov.cn/sj/zxfb/202302/t20230203_1901265.html.

展，产业基础能力和产业链现代化水平得到提升，金融服务实体经济的力度逐步加大。在区域协调发展方面，东中西区域间的差距明显缩小，区域间人民生活水平、基本公共服务均等化、基础设施通达程度等方面差距都有明显的改善，更加注重发挥区域发展比较优势，区域经济布局得到优化，推动建立了更加有效的区域协调发展新机制。另外，在城乡协调发展方面取得更大进展，特别是精准脱贫方案的实施直接作用于农村地区的低收入群体，低收入群体收入得到明显提升，城乡收入比从 2012 年的 2.88 下降到 2021 年的 2.50（农村居民收入 =1）。①

三是在绿色发展理念指导下，努力建设美丽中国，经济绿色转型效果显著。进入新时代，我国树立起"绿水青山就是金山银山"的强烈意识，美丽中国建设成为重大国策，在生态文明建设过程中加强顶层设计，出台《生态文明体制改革总体方案》，在"十三五"和"十四五"规划中不断强化绿色发展指标的约束，承诺和积极践行"碳达峰""碳中和"目标，中国经济绿色低碳转型加速发展，推进制造业发展和能源绿色转型取得显著进展。从总体指标看，2012—2021 年，我国单位 GDP 能耗下降了 26.4%，其中"十三五"期间累计下降了 13.2%；单位 GDP 二氧化碳排放量累计下降了大约 34%，其中"十三五"期间累计下降 17.7%。②

---

① 国家统计局：10 年来我国城乡居民收入相对差距持续缩小 [OL].[2022-10-12].https://www.gov.cn/xinwen/2022-10/12/content_5717752.htm.
② 李雪松，等. 发展规划蓝皮书：中国五年规划发展报告（2021—2022）[M]. 北京：社会科学文献出版社，2022：737-738.

四是在开放发展理念指导下，积极推进高水平对外开放，全面扩大开放形成新局面。进入新时代，我国坚定不移地全面扩大开放，努力建设更高水平开放型经济新体制，促进共建"一带一路"高质量发展，推进中国走向更大范围、更宽领域、更深层次对外开放新局面。

五是在共享发展理念指导下，消除绝对贫困现象，共同富裕取得实质性进展。党的十八大以来，在共享发展理念指导下，党中央把逐步实现全体人民共同富裕摆在更加重要的位置，采取有力措施保障和改善民生，打赢了脱贫攻坚战，消除了绝对贫困现象，全面建成了小康社会，到2020年，我国按国家贫困标准计算的农村贫困人口9899万人已全部实现了脱贫。

以人民为中心的创新、协调、绿色、开放和共享发展的五个新发展理念，是一个关于发展的系统的理论体系，是关于社会主义发展规律理论认识的新飞跃。当今中国已经进入社会主义现代化的新发展阶段，人民对现代化美好生活的向往与发展不平衡不充分的矛盾更加突出；当今世界正处于百年未有之大变局，国际环境日趋复杂，不稳定不确定性明显增加。面对新征程和大变局下的新矛盾、新挑战，在认识到五大新发展理念的重大理论意义和实践价值的同时，需要正确处理经济社会发展与国家安全的关系，进一步增强风险意识，树立底线思维，把国家安全问题放在党和国家的事业全局中更加突出的位置。

近年来，习近平总书记针对国家安全问题做出了"坚持统筹发展与安全""坚持总体国家安全观""保证国家安全是头等大事"等系列重大论断。关于发展与安全的关系以及如何统筹发展与安全，习近平总书记指出："全面贯彻落实总体国家安全观，必须坚持统筹发展和安全两件大事，既要善于运用发展成果夯实国家安全的实力基础，又要善于塑造有利于国家经济社会发展的安全环境；坚持人民安全、政治安全、国家利益至上的有机统一，人民安全是国家安全的宗旨，政治安全是国家安全的根本，国家利益至上是国家安全的准则。"[1]实际上，从发展理念上看，安全发展也是一种发展理念。安全发展理念注重的是解决发展中的国家安全问题，要求坚持"统筹发展与安全"和"总体国家安全观"。安全发展理念的提出，在新发展理念基础上又进一步丰富和发展了对社会主义发展规律的认识。

我们必须认识到，国家安全在中国社会主义现代化事业中的全局性意义日益凸显。在现代化进程中，越是接近目标，越会面临更多、更大风险和挑战，各类安全问题就愈益突出。比如，当前中国面临着人口老龄化、人工智能等带来的挑战，经济社会发展的不平衡不协调带来的各类矛盾，经济全球化受阻带来的创新乏力风险，重大突发性公共事件带来经济衰退风险，重大国际政治军事冲突带来的极端环境风险，等等。新时代新征程，可能是这些风险挑战集中爆发的高危期，这些风险和挑战应对不好，会引发经济安全、政治安全、社会安全、意识形态安全、文化安全、科技安全、军事安全、国土安全、生物安全、网络安全、生态安

---

[1] 习近平.习近平谈治国理政：第三卷[M].北京：外文出版社，2020：218.

全等各类重大国家安全问题，有可能造成中国现代化进程的延滞甚至中断，从而对中国特色社会主义事业造成巨大影响。近几年出现的中美贸易摩擦、新冠肺炎疫情冲击、俄乌冲突等百年未有之大变局因素，也使我们更加清醒地认识到必须高度重视现代化进程中的国家安全建设和安全发展问题，必须坚持底线思维，居安思危、未雨绸缪，有效防范和化解重大风险。因此，在现代化新征程中，需要将国家安全建设放到统筹推进中国特色社会主义事业的一体化总体布局中，将安全发展理念放在统领经济社会发展的新发展理念这个整体指导理念中，以有效应对现代化新征程中各类风险和挑战。

在安全发展理念指导下，围绕统筹发展和安全，着力解决影响我国现代化进程的各种风险，新时代以来已经重点研究部署实施的一系列具体战略包括：国家安全战略、科技兴军战略、改革强军战略、军民融合发展战略、粮食安全战略、藏粮于地藏粮于技战略、重要农产品保障战略、食品安全战略、能源安全战略、金融安全战略、国家网络空间安全战略、产业链与供应链安全战略等等。在"十四五"规划中，粮食安全和能源安全也被作为安全发展的两个重要约束性指标单独列出。

在新发展理念基础上，进一步统筹发展和安全，强调安全发展理念，体现了我党在新形势下对经济社会发展规律有了更加全面、更加深刻、更加系统的认识，也进一步彰显了习近平新时代中国特色社会主义思想的理论创新性，具有重大的理论和实践指导意义。

第二章
推进新型工业化战略

实现新型工业化，是以中国式现代化全面推进强国建设、民族复兴伟业的关键任务。培育新质生产力，要围绕推进新型工业化和加快建设制造强国、质量强国、网络强国、农业强国和数字中国等战略任务，科学布局科技创新、产业创新，要把高质量发展的要求贯穿新型工业化全过程，大力发展数字经济，促进数字经济和实体经济深度融合，为中国式现代化构筑强大物质技术基础。

工业化、新型工业化与中国式现代化

虽然一般经济学理论认为，工业化是工业驱动的一个国家或地区人均收入的提高和产业结构从农业主导向工业主导的演进过程，其实质是国民经济中一系列重要的生产要素组合方式连续发生由低级到高级的突破性变化，进而推动经济增长的过程。但是，从现代化理论看，工业化可以认为就是经济现代化。现代化一个比较普遍的解释就是人类社会从传统社会向现代社会转变的历史过程，而社会变迁的动力是经济增长和结构变革，也就是工业化。这意味着现代化的实质就是由工业化驱动的现代社会变迁的过程，因此，一个国家要实现现代化，就需要开启并推动自己的工业化进程。

习近平总书记在党的二十大报告中提出："从现在起，中国共产党的中心任务就是团结带领全国各族人民全面建成社会主义现代化强国、实现第二个百年奋斗目标，以中国式现代化全面推进中华民族伟大复兴。[①]"以中国式现代化全面推进中华民族伟大复兴"的战略擘画，一方面指明了实现中华民族伟大复兴的战略路径，另一方面也指明了中国式现代化的战略目标，全面体现了中国共产党人的初心和使命。

新中国成立以来，中国式现代化经历了长期的探索过程——从实现国家的社会主义工业化到建设现代农业、工业、国防和科学技术的四个现代化，再从新型工业化到新型工业化、城镇化、信息化和农业现代化的"新四化"，从实现总体小康到全面建成小康社会，现在我国踏上了全面建设富强民主文明和谐美丽的社会主义现代化强国的新征程。工业化是现代化的核心和基础，推进工业化和新型工业化在中国式现代化进程中具有基础和核心地位，党的二十大要求到2035年要基本实现新型工业化，如何以新型工业化推进中国式现代化无疑是一项重大议题，具有重大意义。

从工业化到中国式现代化：社会主义现代化思想的演进

现代化是18世纪工业革命以来人类文明的转型发展、社会

---

① 习近平.高举中国特色社会主义伟大旗帜，为全面建设社会主义现代化国家而团结奋斗——在中国共产党第二十次全国代表大会上的报告（2022年10月16日）[M].北京：人民出版社，2022：21.

经济达到世界先进和前沿水平的一个过程。工业化是一个国家或地区人均收入的提高和经济结构高级化的经济发展和经济现代化过程，其本质是国民经济中一系列基要的生产函数（或生产要素组合方式）连续发生的由低级到高级的突破性变化（或变革），[1]技术进步和生产率提高是其关键特征，工业化几乎是现代经济增长的同义词。[2]从现代化历史来看，工业化是现代化的核心和发动机，对大多数国家尤其是大国而言，是成为现代化国家的必要条件。

近代以来，把中国发展成为一个现代化国家，成为众多仁人志士的伟大梦想。19世纪60年代的"洋务运动"可以说是近代工业化开端的标志。1919年，孙中山出版了《建国方略》，在很大程度上擘画中国资本主义工业化的蓝图。在近代现代化思想史上，20世纪二三十年代出现了强调以农立国的重农主义学派与强调以工立国的重工主义学派的思想之争，前者提出"保全农化""农村立国""振兴农业论""复兴农村"等农本主义思想主张，后者提出"以工立国""农化为工""农工并重"等工业化思想主张，体现出我国早期学术界关于对符合中国国情的工业化道路的初步探索。1933年7月，《申报月刊》创刊周年纪念刊推出了"中国现代化问题号"特辑，体现出当时知识界试图用"现代化"这个术语去分析中国所面临的民族危机和民族发展出路问

---

[1] 张培刚.农业与工业化：上卷[M].武汉：华中工学院出版社，1984：82.
[2] Richard Sylla, Gianni Toniolo, *Patterns of European industrialization: the nineteenth century*, London-New York: Routledge, 1991.

题的集体意识，提出赶快顺着现代化方向推进中国发展，重点讨论了中国现代化的发展道路和现代化发展的运作机制两方面的问题。①

关于中国的现代化道路，以毛泽东为代表的中国共产党人早在新民主主义革命时期就开始关注中国的工业化问题。在抗日战争期间，即1944年5月，毛泽东就向全党指出了中国工业化的重要意义："要打倒日本帝国主义，必需有工业；要中国的民族独立有巩固的保障，就必需工业化。我们共产党是要努力于中国的工业化的。"②毛泽东的现代化思想中坚持了现代化是以工业化为核心的认识，认为现代化社会要以工业为基础，并将其归结为马克思主义观点。毛泽东在《论联合政府》《论人民民主专政》等文中多次强调，将中国这样一个落后的农业国转变为一个先进的工业国，是我们的首要任务。

新中国成立以后，中国共产党开始致力于领导推进中国社会主义现代化建设。1952年年底，中共中央提出了党在过渡时期的总路线：从中华人民共和国成立，到社会主义改造基本完成，这是一个过渡时期。党在这个过渡时期的总路线和总任务，是要在一个相当长的时期内，逐步实现国家的社会主义工业化，并逐步实现国家对农业、对手工业和对资本主义工商业的社会主义改造。以"一化三改"总路线为指导思想，以五年计划为

---

① 李放，黄南珊."现代化"、"工业化"的论争与现代中国的现代化经济取向[J].江汉论坛，1997（04）.
② 共产党是要努力于中国的工业化的（一九四四年五月二十二日）[M]//毛泽东文集：第三卷.北京：人民出版社，1996：146.

抓手，中国大规模的现代化建设全面铺开。也就是说，新中国成立之初确定的社会主义现代化方向是社会主义工业化，与西方发达国家所走的以私有制商品经济发展为基础的资本主义工业化道路不同，新中国要走出一条国家的社会主义工业化道路。随后，实现社会主义工业化目标进一步具体化为实现"四个现代化"，这是社会主义现代化思想演进中出现的又一标志性概念。在1954年召开的第一届全国人民代表大会上，"强大的现代化的工业、现代化的农业、现代化的交通运输业和现代化的国防"被具体化为社会主义工业化建设的总任务。十年后的第三届全国人民代表大会第一次会议上，四方面现代化的目标进一步被完善为"具有现代农业、现代工业、现代国防和现代科学技术的社会主义强国"，这就是耳熟能详的"四个现代化"。这次会议还提出了"第一步，建立一个独立的比较完整的工业体系和国民经济体系；第二步，全面实现农业、工业、国防和科学技术现代化"的两步走设想。

在社会主义革命和社会主义建设时期，社会主义现代化思想的核心是实现社会主义工业化，遵循了马克思关于两大部类比例关系和生产资料优先增长的理论，强调优先快速发展重工业，政府作为投资主体，国家指令性计划作为配置资源手段。虽然是重工业优先发展，但这个时期的工业化指导思想与苏联的斯大林工业化思想并不完全相同。斯大林主张，不是发展任何一种工业都算作工业化，工业化的中心，工业化的基础，就是发展重工业

（燃料、金属等等）。①毛泽东的工业化思想除了强调重工业优先发展，还强调要处理好国民经济比例关系、农轻重关系、沿海和内地工业关系，以及煤电、运输等先行工业部门与整个国民经济的协调发展关系，尤其是将农业现代化视为工业化的一个组成部分，强调工业与农业并举。毛泽东在中共八届三中全会上指出："讲到农业与工业的关系，当然，以重工业为中心，优先发展重工业，这一条毫无问题，毫不动摇。但是在这个条件下，必须实行工业与农业同时并举，逐步建立现代化的工业和现代化的农业。过去我们经常讲把我国建设成一个工业国，其实也包括农业的现代化。"②

十一届三中全会以后，中国进入改革开放和社会主义现代化建设新时期，开始探索走中国特色社会主义现代化道路。1982年，党的十二大首次提出到2000年"人民的物质文化生活可以达到小康水平"，把中国式现代化目标综合表述为"小康"。1987年，党的十三大报告进一步把经济现代化战略部署分为"三步走"，首次明确"到下个世纪中叶，人均国民生产总值达到中等发达国家水平，人民生活比较富裕，基本实现现代化"。2002年，党的十六大在确认实现了现代化建设"三步走"战略的第一步、第二步目标的基础上，提出了"在本世纪头二十年，集中力量，全面建设惠及十几亿人口的更高水平的小康社会"，明确了全面

---

① 蒋学模. 影响中国现代化的几种工业化理论 [J]. 当代经济研究，1996（04）.
② 关于农业问题（一九五七年十月九日）[M]// 毛泽东文集：第七卷. 北京：人民出版社，1999：310.

建设小康社会的目标，并将基本实现工业化列为全面建设小康社会的一项重要指标。①党的十六大报告还首次提出我国应该走"新型工业化道路"。2007年，党的十七大报告进一步明确了我国到2020年基本实现工业化和全面建成小康社会的目标，2020年基本实现工业化也继续被列为全面建成小康社会的一个重要标志。

改革开放和社会主义建设新时期，中国社会主义现代化指导思想实现了质的飞跃，不仅仅强调实现工业化和"四个现代化"，还更加突出工业化和现代化目标是为了改善人民生活、实现"小康"。该指导思想坚持以经济建设为中心，并将社会主义现代化建设进一步拓展到经济建设、政治建设、文化建设和社会建设各个领域；坚持发展是硬道理，提出科学技术是第一生产力，突出科学技术在发展生产力上的重大意义；强调在公有制经济为主体的条件下利用一切有利于生产力发展的经济形式，确立并不断完善社会主义市场经济体制作为实现现代化的体制机制。工业化战略和政策的重心逐步转向市场在资源配置中发挥基础性作用、低成本出口导向、建设开放经济、基于产业演进规律不断促进产业结构优化升级。②新型工业化道路要求以信息化带动工业化、以工业化促进信息化，探索一条科技含量高、经济效益好、资源消耗低、环境污染少、人力资源优势得到充分发挥的发展道路。

---

① 中共中央党校教务部.十一届三中全会以来党和国家重要文献选编（一九七八年十二月——二〇一四年十月）[M].修订本.北京：中共中央党校出版社，2008：452.
② 黄群慧.中国共产党领导社会主义工业化建设及其历史经验[J].中国社会科学，2021（07）.

进入中国特色社会主义新时代，以习近平同志为核心的党中央领导中国人民成功推进和拓展了中国式现代化。2012年，党的十八大强调到2020年实现全面建成小康社会宏伟目标，工业化基本实现，信息化水平大幅提升，城镇化质量明显提高，农业现代化和社会主义新农村建设成效显著。2017年，党的十九大提出，从十九大到二十大，"既要全面建成小康社会、实现第一个百年奋斗目标，又要乘势而上开启全面建设社会主义现代化国家新征程，向第二个百年奋斗目标进军"，"从二〇二〇年到本世纪中叶可以分两个阶段来安排。第一个阶段，从二〇二〇年到二〇三五年，在全面建成小康社会的基础上，再奋斗十五年，基本实现社会主义现代化"，"第二个阶段，从二〇三五年到本世纪中叶，在基本实现现代化的基础上，再奋斗十五年，把我国建成富强民主文明和谐美丽的社会主义现代化强国"。二十大报告提出，以中国式现代化全面推进中华民族伟大复兴，进一步对现代化新征程进行了两步走的战略擘画，指出到2035年，中国经济实力、科技实力、综合国力大幅跃升，人均国内生产总值迈上新的大台阶，达到中等发达国家水平；实现高水平科技自立自强；建成现代化经济体系，形成新发展格局，基本实现新型工业化、信息化、城镇化、农业现代化。

在中国特色社会主义新时代，形成了习近平新时代中国特色社会主义思想，这是我国新时代推进社会主义现代化的理论指南。新时代的社会主义现代化思想，概括了中国式现代化的五方面特征——人口规模巨大的现代化、全体人民共同富裕的现代化、物质文明和精神文明相协调的现代化、人与自然和谐共生的现代化、走和平发展道路的现代化；指出中国式现代化九方面本质要求——坚持中国共产党的领导，坚持中国特色社会主义，实现高质量发展，发展全过程人民民主，丰富人民精神世界，实现全体人民共同富裕，促进人与自然和谐共生，推动构建人类命运共同体，创造人类文明新形态；将实现中华民族伟大复兴与实现社会主义现代化作为坚持和发展中国特色社会主义总任务，将社会主义现代化建设事业进一步拓展，提出经济建设、政治建设、文化建设、社会建设、生态文明建设的中国特色社会主义事业"五位一体"总体布局，以及全面建设社会主义现代化国家、全面深化改革、全面依法治国、全面从严治党的四个全面战略布局；提出在全面建成小康社会的基础上，分两步走，在本世纪中叶建成富强民主文明和谐美丽的社会主义现代化强国，以中国式现代化推进中华民族伟大复兴；将高质量发展作为全面建设社会主义现代化国家的首要任务，要求完整、准确、全面贯彻新发展理念，坚持社会主义市场经济改革方向，使市场在资源配置中起决定性作用，更好发挥政府作用；坚持高水平对外开放，加快构建以国内大循环为主体、国内国际双循环相互促进的新发展格局，统筹发展和安全；明确坚持走中国特色新型工业化、信息化、城镇化、农业现代化道路，推动信息化和工业化深度融合、工业化和城镇化良性互动、城镇化和农业现代化相互协调，促进工业化、信息化、城镇化、农业现代化同步发展。

新型工业化与中国式现代化:"中国特色"的内在一致性

党的二十大报告要求推进新型工业化,在 2035 年基本实现新型工业化。新型工业化作为党的十六大提出的概念,是一条坚持以信息化带动工业化,以工业化促进信息化,科技含量高、经济效益好、资源消耗低、环境污染少、人力资源优势得到充分发挥的发展道路。新型工业化既是基于对世界工业化共同特征和时代发展趋势的把握和认识,更是基于对中国基本国情的认识和中国特色的体现,是具有"世界时代特质""中国国情特质"的工业化,[1] 如同"小康"概念的提出一样,是中国式现代化自主的知识体系的重要内容。从新中国成立之初的实现国家的社会主义工业化,到中国特色的新型工业化道路,正是中国式现代化不断深化和拓展的重要体现。在全面建设社会主义现代化强国的新征程中,进一步推进和最终实现新型工业化,是以高质量发展推进中国式现代化的重要要求。

新型工业化道路的"新型"具有两方面的基本含义:一方面是相对于发达国家已经走过的工业化道路而言,新型工业化道路融合了信息化(数字化、网络化、智能化)、绿色化的现代化科技革命和产业变革,这是新型工业化的"时代特质"。工业化如果抽掉技术创新的具体内容,单纯从经济学含义上可以一以贯之

---

[1] 陈佳贵,黄群慧.论新型工业化战略下的工业现代化[J].当代财经,2003(09).

地认为是一系列基要生产函数连续发生的由低级向高级的突破性变革。但是，在世界200多年的工业化进程中，大体经历了三次（维度不同，可以有不同划分）工业革命，实质上不同时代工业化的技术创新的主要内涵并不相同。当今时代技术创新的趋势是信息化、绿色化，我国是后发赶超型工业化，不会也不可能再完全重复传统工业化道路，不应该"先机械化，后信息化""先污染，后治理"，必然走一条与信息化融合的、绿色可持续的工业化道路。中国工业化整体上是一个并联型、叠加型工业化，正如习近平总书记所指出："我国现代化同西方发达国家有很大不同。西方发达国家是一个'串联式'的发展过程，工业化、城镇化、农业现代化、信息化顺序发展，发展到目前水平用了二百多年时间。我们要后来居上，把'失去的二百年'找回来，决定了我国发展必然是一个'并联式'的过程，工业化、信息化、城镇化、农业现代化是叠加发展的。"[①]

另一方面，"新型"的含义是基于中国国情和中国发展阶段的"国情特质"考虑的工业化战略。从发展阶段看，相对于以前工业化初中期更注重劳动要素数量投入来促进经济增长的粗放式工业化道路而言，现在工业化进程进入中后期阶段，推进经济发展需要通过创新驱动，提高经济效益，实现经济增长方式从粗放型向集约型转变，尤其是在进入工业化后期，中国经济从高速增长阶段转向高质量发展阶段，新型工业化战略要求从赶超跨越式

---

① 习近平关于社会主义经济建设论述摘编[M]. 北京：中央文献出版社，2017：159.

的高速度工业化转向技术创新驱动的高质量工业化，从中国基础国情看，中国是人口大国，人口规模巨大，这要求把充分发挥人力资源优势作为中国工业化战略的基点，这既要认识到劳动力资源丰富、基础供给充分的特点，也要认识到在科技革命和产业转型升级过程中劳动力教育培训转型、岗位就业匹配等问题的复杂性、艰难性、长期性；既要认识到人口规模巨大是消费需求潜力巨大的基础，也要认识到推进全体人民共同富裕、完善收入分配制度的复杂性、艰难性、长期性。新型工业化道路需要基于这两方面"国情特质"探索自己的新的工业化战略和政策，需要探索出注重创新与包容、效率与公平协调的工业化道路。

党的二十大报告指出，中国式现代化，是中国共产党领导的社会主义现代化，既有各国现代化的共同特征，更有基于自己国情的中国特色。中国式现代化是人口规模巨大的现代化、全体人民共同富裕的现代化、物质文明和精神文明相协调的现代化、人与自然和谐共生的现代化、走和平发展道路的现代化。[①]基于上面对新型工业化的分析可以看出，新型工业化的"国情特质"与中国式现代化的"中国特色"具有内在一致性，这意味着坚持推进新型工业化，实现新型工业化，本身就是深化和推进中国式现代化的应有之义。实际上，从新中国成立之初提出的实现国家的社会主义工业化目标到第三届全国人民代表大

---

① 习近平.高举中国特色社会主义伟大旗帜，为全面建设社会主义现代化国家而团结奋斗——在中国共产党第二十次全国代表大会上的报告（2022年10月16日）[M].北京：人民出版社，2022：22-23.

会第一次会议提出实现"四个现代化"目标，从党的十二大报告提出到 2000 年人民的物质文化生活达到小康水平到党的十六大报告提出到 2020 年全面建成小康社会，从党的十六大报告提出新型工业化道路到党的十八大报告提出的新型工业化、信息化、城镇化和农业现代化同步实现，直到党的二十大报告提出以中国式现代化全面推进中华民族伟大复兴，这既体现了中国式现代化进程的不断深化和拓展，也体现了对中国式现代化规律的深入认识和把握。

如果从中国式现代化进程看，2021 年 7 月 1 日，习近平总书记代表党和人民庄严宣告：经过全党全国各族人民持续奋斗，我们实现了第一个百年奋斗目标，在中华大地上全面建成了小康社会，历史性地解决了绝对贫困问题，正在意气风发向着全面建成社会主义现代化强国的第二个百年奋斗目标迈进。如果从工业化视角衡量中国式现代化的进程，全面建成小康社会目标的实现意味着中国基本实现了工业化。最初党的十六大报告提出到 2020 年全面建成小康社会目标时，就将基本实现工业化列为全面建设小康社会的一项重要目标任务，并首次明确了到 2020 年我国基本实现工业化的奋斗目标。从党的十七大、十八大报告的全面建成小康社会的各项要求看，基本实现工业化都是全面建成小康社会的基本要求或者重要标志之一。因此，在宣布全面建成小康社会之际，也就意味着我国已经基本实现了工业化。实际上，基于工业化水平综合指数具体测评，也可以判断到 2020 年我国已经基本实现了工业化。[①]

但是，中国虽然基本实现了工业化，但工业化进程中还存在发展不平衡不充分的问题，还没有全面实现工业化；虽然中国基本实现了工业化，但还没有实现工业现代化，中国工业发展的现状是大而不强，这意味着中国作为世界第一工业产出国，规模巨大，但从效率、结构、质量等方面与世界工业先进水平还有差距，工业现代化水平还有待提升；虽然中国基本实现了工业化，但没有实现新型工业化，与新型工业化关于高级化（科技含量高）、信息化、绿色化、包容性等方面要求还有很大距离，更是面临着推进新型工业化、信息化、城镇化和农业现代化"新四化"同步实现的高质量工业化任务。[②] 总之，基本实现工业化，是新中国成立以来中国共产党领导中国人民取得的辉煌成就，具有伟大的历史意义和世界意义。但是，面对现代化的新征程，中国式现代化还面临着全面实现工业化、实现新型工业化、实现工业现代化和实现"新四化"的重大任务。

[①] 按照传统工业化理论，我们把工业化进程划分为前工业化、工业化初期、工业化中期、工业化后期和后工业化阶段，利用人均GDP、三次产业产值比例、制造业增加值占总商品增加值比例、人口城市化率、第一产业就业占总体就业比重五个指标并赋予不同权重，取这五个指标在不同工业化阶段的经验数值范围作为标准值，构造了工业化水平综合指数。计算表明，2020年，中国整体工业化水平指数已经达到93，处于工业化后期的后半阶段，可以判断为基本实现了工业化。具体可参阅：黄群慧，李芳芳，等.中国工业化进程报告（1995—2020）——"十三五"回顾与"十四五"展望[M].北京：社会科学文献出版社，2020：44-45.

[②] 黄群慧.2020年我国已经基本实现了工业化——中国共产党百年奋斗重大成就[J].经济学动态，2021（11）.

以新型工业化推进中国式现代化

  党的二十大报告将基本实现新型工业化作为2035年基本实现社会主义现代化的一项重要目标，并提出推进新型工业化，加快建设制造强国、质量强国、航天强国、交通强国、网络强国、数字中国。工业化是现代化的基本前提、动力基础和核心内涵。新中国成立特别是改革开放以来，我们用几十年时间走完西方发达国家几百年走过的工业化历程，创造了经济快速发展和社会长期稳定的奇迹。进入新时代，新型工业化步伐显著加快，通过实施制造强国战略，持续推进实体经济做强做优做大，为社会主义现代化建设提供强大物质基础和技术支撑。

  当今世界正处于百年未有之大变局加速演进期，新一轮科技革命和产业变革深入发展，全球产业链、供应链、价值链正在深度调整，大国围绕制造业布局的竞争和先进制造技术的博弈日益加剧，工业化的全球格局和技术内涵都在发生深刻变化。我们已踏上全面建成社会主义现代化强国、实现第二个百年奋斗目标的新征程，以中国式现代化全面推进中华民族伟大复兴是中国共产党的中心任务。面对新的国际形势和新的任务要求，深化新型工业化需要把握以下几方面原则和方向。

第一，正确把握新型工业化的战略着力点，持续推进制造业的高端化、数字化、绿色化、服务化的转型升级方向，大力提高实体经济供给质量，筑牢中国式现代化的实体经济根基。

实体经济是一国经济的立身之本、财富之源。中国式现代化要使占世界18%左右的人口实现共同富裕，必须不断厚植现代化的物质基础，不断夯实人民幸福生活的物质条件。作为一个社会主义国家，没有强大的实体经济，就不能形成现代化坚实的物质技术基础，从而也就难以沿着独立自主的和平发展道路崛起。正如习近平总书记所指出的："无论经济发展到什么时候，实体经济都是我国经济发展、我们在国际竞争中赢得主动的根基。我国经济是靠实体经济起家的，也要靠实体经济走向未来。"[1]党的二十大报告强调："坚持把发展经济的着力点放在实体经济上，推进新型工业化，加快建设制造强国、质量强国、航天强国、交

---

[1] 习近平.论把握新发展阶段、贯彻新发展理念、构建新发展格局[M].北京：中央文献出版社，2021：142-143.

通强国、网络强国、数字中国。"① 实体经济发展正是推进工业化进程的核心内容,把发展经济着力点放在实体经济上,需要进一步推进和深化新型工业化进程。

实体经济最核心、最主体的部分是制造业。以新型工业化推进中国式现代化,需要把握好制造业创新发展的方向,持续推进制造业沿着高端化、智能化、绿色化、融合化的方向转型升级。我国制造业存在的突出问题是大而不强,供给质量和效益不够高,创新能力不够强,还存在众多"核心能力短板""关键能力短板""基础能力短板",存在很多"卡脖子"技术问题。总而言之,我国是制造大国而不是制造强国和质量强国,是航天大国、交通大国而不是航天强国、交通强国,网络强国和数字中国建设还任重而道远。

推进制造业高质量发展,需要在以下几方面着力:一是加快发展新一代信息技术、人工智能、生物技术,以及新能源、新材料、高端装备、绿色环保等先进制造业和战略性新兴产业,推进现代服务业与先进制造业、现代化农业深度融合的集群式发展,打造一批具有国际竞争力的先进制造业集群;二是通过实施产业基础再造工程、重大技术装备攻关工程,完善国家质量基础设施,大力发展世界一流企业和专精特新企业,优化产业链、供应链发展环境,推进产业基础能力高级化、产业链现代化,提高产

---

① 习近平.高举中国特色社会主义伟大旗帜,为全面建设社会主义现代化国家而团结奋斗——在中国共产党第二十次全国代表大会上的报告(2022年10月16日)[M].北京:人民出版社,2022:30.

业链韧性和战略性资源保障能力；三是抓住先机大力发展数字经济，抢占现代化产业体系建设的制高点，推进数字经济和实体经济深度融合发展，推进数字产业化和产业数字化，逐步打造具有国际竞争力的数字产业集群；四是加快建成系统完备、高效实用、智能绿色、安全可靠的现代化基础设施体系，以有效投资促进新型基础设施建设，探索优化基础设施建设发展模式，实现经济效益、社会效益、生态效益、安全效益的统一；五是要深化金融供给侧结构性改革，优化融资结构，完善金融机构体系、市场体系、产品体系，健全资本市场功能，为制造业高质量发展提供更高质量、更有效率的金融服务，从体制机制上彻底扭转经济脱实向虚的趋势。

第二，高度重视新型工业化的战略协同性，通过促进城乡、区域、产业的融合发展，提高新型工业化战略与以人为核心的新型城镇化战略、全面推进乡村振兴战略的协同性，推进新型工业化、信息化、城镇化和农业现代化同步发展。

中国式现代化要求实现全体人民共同富裕，要求新型工业化、信息化、城镇化和农业现代化同步发展，到2035年基本实现区域协调发展和城乡协调发展。一个现代化强国，不仅仅是制造强国、质量强国、航天强国、交通强国、网络强国、数字中国，还必须是一个农业强国；不仅仅是城市现代化，农村还必须具备现代生活条件；中国式现代化要求构建优势互补、高质量发展的经济布局和国土空间体系。无论是从区域协调发展和城乡协调发展的中国式现代化要求看，还是从新型工业化、城镇化、信息化和农业现代化"四化同步"要求看，无论是从以新发展理念为指导的高质量发展要求看，还是从以人为核心的新型城镇化战略以及全面推进乡村振兴战略的要求，以及扎实推进全体人民共同富裕的现代化要求看，推进新型工业化都必须注重战略协同性。

新型工业化、新型城镇化和全面推进乡村振兴三大战略，是我国实现中国式现代化、建设现代化强国的关键战略支撑。提高新型工业化推进的战略协同性，关键体现在新型工业化如何与新型城镇化和全面推进乡村振兴战略的协同，而其政策的关键在于能否实现城乡、区域和产业之间的融合发展，只有城乡、区域和产业融合发展才能更好地实现战略协同，才能在工业强国基础上实现农业强国建设目标，在工业现代化基础上实现农业现代化，在"两横三纵"城镇化格局上实现乡村全面振兴。而推进城乡、区域和产业之间融合发展，信息化、数字化、绿色化技术又提供了强大的技术支持。要以推进新型工业化和新型城镇化的新型基础设施建设为抓手，依靠信息化、数字化和绿色化技术手段，破除产业之间、区域之间和城乡之间融合发展的制度藩篱（如统筹城乡社会保障），促进城乡之间、区域之间、产业之间的融合发展，这是提高新型工业化战略协同性的关键。

持续提升新型工业化的过程包容性，充分考虑到中国人口规模巨大的基本国情，重视实现全体人民共同富裕的中国式现代化要求，以包容性的新型工业化战略全面推进中国式现代化进程。

人口规模巨大是我国的基本国情，也是一种资源优势。新型工业化要充分发挥规模巨大的人力资源优势。在工业化初中期，人力资源优势是我国低成本工业化战略的基础，正是大量的低成本劳动力支撑了我国快速、跨越式的工业化进程，实现了快速的经济赶超。但是，对已经处于工业化后期的我国而言，人口规模巨大作为一种资源优势的内涵也发生了变化。人口规模除了在一定程度上还是层次丰富的劳动力供给源泉，其低成本劳动力供给的比较优势正逐步减弱，主要优势转换为巨大人口资源所形成的超大规模的市场需求。与以前不同，随着我国经济发展水平的提高，我国人均 GDP 已经超过 1 万美元，拥有将近 4 亿的中等收入群体，形成了超大规模市场优势，为大国经济内部循环提供了需求条件。我国要加快构建以国内大循环为主体、国内国际双循环相互促进的新发展格局，工业化战略需要从基于低成本比较优势的传统工业化道路转向基于技术创新优势的新型工业化道路。推进新型工业化，需要把我国超大规模市场优势转化为高水平自主创新优势，这正是构建新发展格局的本质和关键。[①]

面对人口规模巨大的基本国情，以实现全体人民共同富裕为目标的中国式现代化，其艰巨性和复杂性前所未有。在推进新型工业化进程中，必须重视实现共同富裕这个中国式现代化的本质要求。工业化在促成经济增长和人均收入水平提高的同时，也会产生分配效应，影响收入分配格局。在工业化进程的不同发展阶段，收入不平等情况呈现不同的变化趋势。与传统工业化进程中

[①] 黄群慧.新发展格局的理论逻辑、战略内涵与政策体系——基于经济现代化的视角[J].经济研究，2021（04）.

欧美发达国家一般呈现出收入不平等与工业化推进先升后降的倒U形关系不同，20世纪80年代以来，随着数字化、经济全球化和去工业化的趋势明显，发达国家大多呈现出收入差距逐年扩大的趋势。在未来的现代化新征程中，我国新型工业化必然呈现数字化、经济全球化和去工业化趋势，这对我国如何实现共同富裕的现代化提出了更大挑战。面对如此庞大的人口，新型工业化进程中的技术升级转型带来的就业岗位转换必然是大规模的，由此产生的收入差距扩大问题也会比较严峻，这必然要求推进新型工业化要考虑到过程包容性。这意味着，一方面，注意避免现代化进程中的"极化效应"，不能一味地从技术转型升级、制造业高级化方面考虑加快推进新型工业化进程。技术创新要考虑社会责任，要推进有道德的技术创新，不仅要注重经济效益，还必须兼顾环境效益和社会效益。新型工业化应该是创新驱动的、可持续的、包容的工业化，在推进制造业高级化、数字化转型升级过程中，要注意到这个过程的包容性，使得更多人参与新型工业化进程。当今全球商界日益流行的ESG（环境、社会与公司治理）投资理念，就很好地体现了这方面的要求。另一方面，不能认为经济发展过程一定会产生所谓的"涓滴效应"，要不断完善分配制度，坚持以按劳分配为主体、多种分配方式并存的分配制度，构建初次分配、再分配、第三次分配协调配套的制度体系，通过分配制度的完善来提高工业化进程的包容性，使得全体人民都能够分享到新型工业化的成果，有效推进全体人民共同富裕的中国式现代化进程。

把高质量发展的要求贯穿
新型工业化全过程

习近平总书记指出:"新时代新征程,以中国式现代化全面推进强国建设、民族复兴伟业,实现新型工业化是关键任务。要完整、准确、全面贯彻新发展理念,统筹发展和安全,深刻把握新时代新征程推进新型工业化的基本规律,积极主动适应和引领新一轮科技革命和产业变革,把高质量发展的要求贯穿新型工业化全过程,把建设制造强国同发展数字经济、产业信息化等有机结合,为中国式现代化构筑强大物质技术基础。"[①] 准确把握推进

---

① 习近平就推进新型工业化作出重要指示强调:把高质量发展的要求贯穿新型工业化全过程 为中国式现代化构筑强大物质技术基础 [OL].[2023-09-23].https://www.gov.cn/yaowen/liebiao/202309/content_6905885.htm.

新型工业化的战略定位、阶段性特征以及面临环境和条件的变化，完整、准确、全面贯彻新发展理念，坚持走中国特色新型工业化道路，加快建设制造强国，更好服务构建新发展格局、推动高质量发展、实现中国式现代化，是新时代新征程的重大战略任务。

新时代新征程推进新型工业化具有重大战略意义

工业化是一个国家或地区以技术进步和产业结构升级为典型特征的人均国民收入持续提高的经济发展过程。新中国成立特别是改革开放以来，我们用几十年时间走完西方发达国家几百年走过的工业化历程，创造了经济快速发展和社会长期稳定的奇迹，为现代化建设奠定了深厚物质技术基础。新型工业化道路是一条坚持以信息化带动工业化，以工业化促进信息化，科技含量高、经济效益好、资源消耗低、环境污染少、人力资源优势得到充分发挥的发展道路。我国是后发赶超型国家，不会也不可能完全重复"先机械化后信息化""先污染后治理"的传统工业化道路，必然走一条与信息化融合的、绿色可持续的工业化道路。

新型工业化的提出，既基于对世界工业化规律和时代发展趋势的深刻认识，更体现了对中国基本国情和中国特色的准确把握。在我国这样一个有14亿多人口的发展中大国推进工业化，既要遵循世界工业化的一般规律，更要立足国情，走中国特色新型工业化道路。党的十八大以来，习近平总书记就新型工业化一系列重大理论和实践问题做出重要论述，提出了一系列新思想新观点新论断，强调"我国是个大国，必须发展实体经济，不断推进工业现代化、提高制造业水平"[①]，"中国梦具体到工业战线就是加快推进新型工业化"[②]，"坚持把发展经济的着力点放在实体经济上，推进新型工业化"[③]，"数字技术、数字经济是世界科技革命和产业变革的先机，是新一轮国际竞争重点领域，我们一定要抓住先机、抢占未来发展制高点"[④]，"继续做好信息化和工业化深度融合这篇大文章，推动制造业加速向数字化、网络化、智能化发展"[⑤]。这些重要论述，极大丰富和发展了我们党对工业化的规律性认识，为推进新型工业化提供了根本遵循和行动指南。

新时代新征程，新型工业化具有新内涵、新特征。一方面，当今世界正处于百年未有之大变局加速演进期，新一轮科技革命和产业变革深入发展，全球产业链、供应链、价值链正在深度调整，大国围绕制造业布局的竞争和先进制造技术的博弈日益加剧，发达国家积极布局前瞻性技术方向和产业领域，工业化的全球格局和技术内涵都在发生深刻变化，新型工业化要求主动适应和引

[①] 习近平在广西考察工作时强调：扎实推动经济社会持续健康发展，以优异成绩迎接党的十九大胜利召开 [OL].[2017-04-21].http://www.xinhuanet.com/politics/2017/04/21/c_1120853744.htm.

[②] 习近平长春考察聚焦国有企业 [OL].[2015-07-17].http://www.xinhuanet.com/politics/2015-07/17/c_1115963593.htm.

[③] 习近平.高举中国特色社会主义伟大旗帜，为全面建设社会主义现代化国家而团结奋斗——在中国共产党第二十次全国代表大会上的报告（2022年10月16日）[M].北京：人民出版社，2022：30.

[④] 习近平在中共中央政治局第三十四次集体学习时强调：把握数字经济发展趋势和规律，推动我国数字经济健康发展 [N].人民日报，2021-10-20（01）.

[⑤] 习近平在中共中央政治局第二次集体学习时强调：审时度势精心谋划超前布局力争主动，实施国家大数据战略加快建设数字中国 [N].光明日报，2017-12-10（01）.

领数字化、绿色化趋势，要求增强发展的主动性。另一方面，以中国式现代化全面推进中华民族伟大复兴是中国共产党的中心任务，新型工业化进程需要围绕人口规模巨大的现代化、全体人民共同富裕的现代化、物质文明和精神文明相协调的现代化、人与自然和谐共生的现代化、走和平发展道路的现代化的理论内涵和实践要求深入推进。在新的历史条件下，我国新型工业化之"新"，体现在依靠自主创新驱动、加快迈向全球价值链中高端的发展主动性，体现在新型工业化、信息化、城镇化、农业现代化同步发展的战略协同性，体现在促进数字经济和实体经济深度融合、加快绿色低碳发展的产业现代性，体现在发挥国内超大规模市场优势、利用好国内国际两个市场两种资源的对外开放性，体现在加快建设现代化产业体系、促进全体人民共同富裕的过程包容性。从根本上来说，新时代新征程推进新型工业化，体现了高质量发展的新要求。

没有坚实的物质技术基础，就不可能全面建成社会主义现代化强国。中国式现代化要使占世界近18%的人口实现共同富裕，需要不断提升人民幸福生活所需的物质技术条件，把发展经济的着力点放在发展实体经济上，加快推进新型工业化。我国到2035年要基本实现新型工业化，未来十几年的时间，既是我国建成现代化产业体系、形成新发展格局、基本实现现代化的冲刺阶段，也是科技和产业突破创新的关键时期，我国新型工业化进程既面临难得历史机遇，又面临严峻挑战。抓紧抓实实现新型工业化这个关键任务，为中国式现代化构筑强大物质技术基础，关系到我们在未来发展和国际竞争中赢得战略主动，关系到以中国式现代化全面推进中华民族伟大复兴的千秋伟业。

推进新型工业化要牢牢把握高质量发展的要求

高质量发展是中国式现代化的本质要求，是全面建设社会主义现代化国家的首要任务。新时代新征程推进新型工业化，把高质量发展的要求贯穿新型工业化全过程，要坚持以人民为中心的发展思想，完整、准确、全面贯彻新发展理念，统筹发展和安全，坚持走中国特色新型工业化道路。

使创新发展成为推进新型工业化的第一动力。把握以数字化、绿色化为特征的新一轮科技革命和产业变革方向，推动实现高水平科技自立自强。充分发挥社会主义市场经济条件下的新型举国体制优势，强化高水平自主技术要素供给。推进新一代信息技术、生物技术、新能源、新材料等领域的关键核心技术攻关工程，推动数字技术与实体经济深度融合，推进产业绿色低碳发展，促进制造业高端化、数字化、绿色化和融合化发展。深入实施产业基础再造工程和重大技术装备攻关工程，突破核心能力短板、关键能力短板和基础能力短板，加快建设制造强国、质量强国、航天强国、交通强国、网络强国、数字中国。

使协调发展成为推进新型工业化的内生需要。推动新型工业化、信息化、城镇化、农业现代化同步发展，着力解决工业化进程中的发展不平衡不充分问题。促进实体经济、科技创新、现代金融、人力资源协同发展，形成科技—产业—金融良性循环。推进新型基础设施建设，加快建设以实体经济为支撑的现代化产业体系，推进战略性新兴产业、支柱产业、传统产业有效协同。基于主体功能区定位优化重大生产力布局，促进区域协调发展，不断完善高新园区、产业园区的功能和布局。推进产业集群化、融合化发展，打造一批具有国际竞争力的先进制造业集群和数字产业集群。

使绿色发展成为推进新型工业化的普遍形态。以推进碳达峰碳中和为抓手，建设资源节约、环境友好的绿色工业化体系，加快发展方式绿色转型，协同推进降碳、减污、扩绿、增长，推进生态优先、节约集约、绿色低碳发展。狠抓绿色低碳技术攻关，发展绿色低碳产业，以能源革命和绿色制造为突破口，构建以新能源为主体的现代绿色低碳能源体系和以绿色制造为主体的现代化产业体系。健全资源环境要素市场化配置体系，倡导绿色消费，全面推进绿色生产和消费转型，推动形成绿色低碳的生产方式和生活方式。

使开放发展成为推进新型工业化的必由之路。建设互利共赢、多元平衡、安全高效的全面开放的工业化体系，深度参与全球产业分工和合作，不断增强我国国际经济合作和竞争新优势。增强国内国际两个市场两种资源的联动效应，以国内大循环形成对全球要素资源的强大吸引力、在激烈国际竞争中的强大竞争力、在全球资源配置中的强大推动力，强化规则、规制、管理、标准等制度型开放。加强与共建"一带一路"国家市场、规则和标准的联通，深化金砖国家新工业革命伙伴关系，促进金砖国家在数字化、工业化、创新、包容和投资等领域的合作。

使共享发展成为推进新型工业化的根本目的。推进新型工业化的成果更多更公平地惠及全体人民，将实现共同富裕这个长期的历史过程与新型工业化进程有机结合。注意避免新型工业化进程中收入分配的"极化效应"，推进技术创新、制造业高级化，要兼顾环境效益和社会效益。促进数字经济和实体经济深度融合，利用数字经济消除数字鸿沟，在创造高质量就业的同时缩小收入差距，使新型工业化成为创新驱动的、可持续的、包容的工业化，从而在推进新型工业化进程中实现全体人民共同富裕的现代化。

当今世界正处于百年未有之大变局，单边主义、保护主义思潮明显上升，世界进入新的动荡变革期，我国发展进入战略机遇和风险挑战并存、不确定难预料因素增多的时期。推进新型工业化，必须坚持统筹发展和安全，增强风险意识，树立底线思维，这也是高质量发展的内在要求。要统筹产业发展和产业安全，统筹开放发展和经济安全，在推进新型工业化过程中积极探索开放经济条件下提升国家产业安全水平的有效路径。坚持底线思维、极限思维，加快关键核心技术攻关，提升产业基础高级化、产业链现代化水平，有效推进产业链强链补链稳链，积极开展重点领域产业竞争力调查和产业安全评估，完善产业安全管理体系，尤其是建立权责清晰、多部门紧密协作的产业链供应链安全管理体系。强化产业安全政策对制造业发展规划、重大科技专项、反垄断等各项微观经济政策制定实施的指导和协调作用。

以制造强国建设为重心加快推进新型工业化

工业化以现代制造业发展为根本动力和重要标志。中国是世界第一制造业大国，是全世界唯一拥有联合国产业分类中全部工业门类的国家，但与世界工业强国相比，我国科技创新能力和制造业基础能力还不强，一些核心技术仍然受制于人，整体技术水平先进性和产业安全性有待提高。要实现新型工业化，关键是推进制造业的高质量发展，实现我国从制造大国向制造强国的转变。

以产业链供应链为制造强国建设的基本单元，全面打造自主可控、安全可靠的产业链供应链。当今全球经济竞争，不仅仅是企业之间、产业之间的竞争，而且是产业链、供应链的竞争，构成一个国家产业安全威胁的主要是全球产业链、供应链的"断链"或者"卡链"。在世界百年未有之大变局加速演化背景下，新一轮科技革命和产业变革深入发展，推进新型工业化，加快建设制造强国，需要着力提升产业链、供应链的韧性和安全水平。这要求提高产业基础高级化和产业链现代化水平，围绕重点产业链和供应链，找准关键核心技术和零部件"卡脖子"环节，深入实施产业基础再造工程和重大技术装备攻关工程，着重推进新一代信息技术、生物技术、人工智能等领域的关键核心技术攻关，实现高端芯片、操作系统、新材料、重大装备的率先突破。

着力提升制造业创新能力，持续推动产业结构优化升级。强化企业科技创新主体地位，大力弘扬优秀企业家精神，激励企业加大创新投入，培育更多产品卓越、品牌卓著、创新领先、治理现代的世界一流企业，不断壮大专精特新企业群体。强化国家科技力量，加强基础研究，更好发挥新型举国体制优势，加大应用基础研究力度，推进创新链产业链资金链人才链深度融合，强化需求和场景牵引，高质量建设一批国家制造业创新中心和中试、应用验证平台，构建开放、协同、高效的共性技术研发平台。加快发展先进制造业和战略性新兴产业，大力发展现代生产性服务业，推进现代服务业与先进制造业、现代农业深度融合，推进战略性新兴产业融合集群发展，打造一批具有国际竞争力的先进制造业集群。加快改造升级传统产业，推进传统制造业的智能化改造和数字化转型，巩固提升优势产业，持续提升中国制造品质，培育世界著名品牌。

以智能制造和绿色制造为主攻方向，推进工业数字化和绿色化转型。在数字化方面，大力推动数字技术与实体经济深度融合，通过数字技术赋能传统产业转型升级，以智能制造为主攻方向，推进产业经济数字化；通过数字技术催生新产业新业态新模式，促进平台经济和共享经济健康发展，推进数字经济产业化。深入实施智能制造工程和中小企业数字化赋能专项行动，推动人工智能创新应用。加快建设现代化基础设施体系，以有效投资促进新型基础设施建，继续适度超前推进网络、算力等新型信息基础设施建设，加快工业互联网规模化应用，提升网络安全保障能力。在绿色化方面，全面推动工业绿色发展，建设以开发绿色产品、建设绿色工厂、发展绿色园区、打造绿色供应链为核心内容的绿色制造体系，强化绿色监管。深入实施绿色制造工程，加快制造业绿色改造升级，将绿色设计、绿色技术和工艺、绿色生产、绿色管理、绿色供应链、绿色就业贯穿于产品全生命周期。统筹推进重点行业碳达峰，加快节能降碳技术研发和推广，推动绿色低碳能源消费，推进资源高效循环利用，大力发展资源再利用产业和再制造产业，做好新能源汽车废旧电池等废旧资源回收利用。

畅通经济大循环，推进制造业发展的质量变革、效率变革、动力变革。一方面，要以国内大循环为主体，培育完整内需体系，打通全国统一大市场建设的堵点、难点和卡点，强化制造业要素资源的自由流通，着力解决制约高水平技术供给、制度供给的关键问题，以培育完整内需体系创造引领新的需求，通过增加高质量产品和服务供给提高制造业要素配置效率。全面推进城乡、区域协调发展，提高国内大循环的覆盖面，以主体功能区战略、新型城镇化战略引导产业合理布局，更好发挥高新区、工业园区等各类园区作用，推动形成优势互补、高质量发展的区域制造业布局。另一方面，要推进国内国际双循环相互促进，用好国内国际两个市场两种资源，以高水平对外开放拓展制造业发展空间，大力支持企业拓展国际市场，更大力度引导外资投向先进制造业和高新技术产业，持续做好外资企业服务保障，逐步打造一个开放的技术创新生态。注重发挥自贸试验区在促进制造业高质量发展中的关键作用，使自贸试验区成为高水平自主创新高地、高素质生产要素汇集高地、高标准规则测试高地。

第三章
建设现代化产业体系

现代化产业体系是新质生产力的载体，是现代化经济体系的重要内容和关键系统，建设现代化产业体系是构建新发展格局、推动高质量发展的必然要求。建设现代化产业体系，要及时将科技创新成果应用到具体产业和产业链上，改造提升传统产业，培育壮大新兴产业，布局建设未来产业。要围绕发展新质生产力布局产业链，提升产业链供应链韧性和安全水平，保证产业体系自主可控、安全可靠。

把握现代化产业体系的基本特性

现代化产业体系是现代化经济体系的重要内容和关键系统，建设现代化产业体系是构建新发展格局、推动高质量发展的必然要求。习近平总书记一直高度重视现代化产业体系建设，党的二十大以来多次发表重要讲话，指明了建设现代化产业体系的重大意义、基本内涵和任务要求。他强调"加快建设以实体经济为支撑的现代化产业体系，关系我们在未来发展和国际竞争中赢得战略主动"，明确要求"打造自主可控、安全可靠、竞争力强的现代化产业体系"，"推进产业智能化、绿色化、融合化，建设具有完整性、先进性、安全性的现代化产业体系"。①

现代化产业体系虽然也与一般意义上的现代产业体系相同，是由包括现代农业、现代工业和现代服务业在内的各类现代产业构成的产业体系或者产业系统，但与一般意义上的现代产业体系又有区别，现代化产业体系是适应中国式现代化需要的现代产业体系。建设现代化产业体系，既要遵循一般意义上的现代产业发展的规律，大力发展现代农业、现代工业和现代服务业，培育现代产业链和产业集群，沿着数字化、智能化、绿色化和融合化方向持续推进产业升级和结构优化，又要符合中国特色要求，尤其是适应人口规模巨大、全体人民共同富裕、物质文明与精神文明相协调、人与自然和谐共生、走和平发展道路五方面中国特色的需要。建设现代化产业体系，一定要全面认识把握其基本特性，在科学认识基础上推动有效的建设实践。现代化产业体系的基本特性，具体可以从完整性、先进性、协调性、安全性、包容性五个方面内在统一地进行把握。

完整性

现代化产业体系的完整性是指各类产业门类齐全、产业链条完整、产品品种丰富完备、零部件配套能力强。新中国成立以后，

---

① 习近平主持召开二十届中央财经委员会第一次会议强调 加快建设以实体经济为支撑的现代化产业体系 以人口高质量发展支撑中国式现代化（2023 年 5 月 5 日）【OL】．http://politics.people.com.cn/n1/2023/0505/c1024-32679601.html

中国共产党领导中国人民致力于国家的社会主义工业化建设，建立了独立的比较完整的工业体系和国民经济体系，为现代化建设奠定根本政治前提和宝贵经验、理论准备、物质基础。改革开放以来，我国用几十年时间走完西方发达国家几百年走过的工业化历程，创造了经济快速发展和社会长期稳定的奇迹，形成了世界上最大规模的工业体系。中国目前是世界上制造业体系最为完备、规模最大的国家。中国所拥有的由41个工业大类、207个工业中类、666个工业小类构成的工业体系，已经涵盖了联合国工业分类目录中的39个大类、191个中类、525个小类。中国制造业增加值已经连续13年居世界第一，接近全球制造业增加值的30%。在500种主要工业产品中，我国有四成以上产品产量位居全球第一，个人计算机、手机、空调、太阳能电池板等一批重要产品产量占全球一半以上。

2023年，我国全部工业增加值达到39.9万亿元，规模以上工业增加值比上年增长4.6%，制造业增长5%，制造业增加值达到33万亿元，占GDP的26.2%。截至2023年，中国制造业增加值已经连续14年居世界第一，继续强化世界制造业第一大国地位，制造业增加值占全球比重稳定在30%左右，完整产业体系和全链条产业链更加巩固，实体经济不断壮大。以新能源汽车为例，得益于良好、完整的汽车创新链、资金链、产业链和供应链，2023年我国新能源汽车产业呈现产销规模创历史新高、渗透率稳步提升、配套设施不断健全的良好态势，全年新能源汽车产销量分别达到958.7万辆和949.5万辆，同比分别增长35.8%

和 37.9%；我国新能源汽车产销量占全球比重超过 60%，连续 9 年位居世界第一位；新能源汽车出口 120.3 万辆，同比增长 77.2%，均创历史新高。

工业规模大、体系完备和配套能力强，有利于形成规模经济、集聚经济和范围经济，是我国产业体系具有的巨大优势。这个优势保证了我国有效应对世纪疫情的冲击，彰显了我国的经济韧性。建设具有完整性的现代化产业体系，是人口规模巨大的中国式现代化所要求的，有利于增强我国经济发展的安全性、主动性。但是，强调现代化产业体系的完整性，并不意味着现代化产业体系是封闭的，并不影响现代化产业体系的开放性。当今经济全球化背景下，我国需要在国内国际双循环的相互促进中建设现代化产业体系，需要在高水平对外开放中建设具有完整性的现代化产业体系。当前，我国产业体系完整性建设面临以下几方面的挑战和任务。

一是我国在一些技术含量高的细分行业还有缺项，在"工业四基"方面与国际先进工业水平存在差距，产业链、供应链中一些关键环节还受制于人，这需要加快补齐短板，不断提高产业体系完整性。

二是由于受到美国"近岸外包""友岸外包"等打压政策的影响，再加之我国劳动力低成本比较优势在逐步弱化，我国一些企业开始向东南亚等国外地区转移，存在着产业链外移以及制造业配套能力受损的风险。这要求用好我国超大规模市场优势，深化产业链供应链国际合作，以国内产业转移替代国际产业转移，遵循国内版"雁阵理论"积极推进东中西部产业转移，同时借鉴日本"母工厂"经验，鼓励企业走出去的同时在国内建设现代核心工厂，将核心制造能力留在国内。

三是在信息化、数字化和智能化浪潮冲击下，一些传统产业面临着转型升级的巨大压力，而一些地方政府为了追求产业高级化，简单通过"一刀切"产业政策将传统产业作为低端产业淘汰，这在一定程度上影响了我国产业体系的完整性。这要求在巩固传统优势领域的同时，通过现代化技术改造积极推进传统产业转型升级，不能简单地将传统产业等同于低端和落后产业而要求其退出。要进一步优化制造业发展环境，坚持以实体经济为重，建设以实体经济为支撑的现代化产业体系。

四是要进一步完善现代化基础设施，尤其是注重产业园区、产业集群建设，不断完善发展环境，通过产业园区和产业集群强化各类企业的技术经济联系，提高产业协作配套能力，巩固和强化我国产业体系的完整性。

先进性

现代化产业体系的先进性是指产业体系中的各类产业技术水平处于创新、前沿状态。现代化产业体系的先进性要求产业大量采用先进的技术、工艺、设备和管理方法，符合新一轮科技革命和产业变革趋势，总体呈现高端化、数字化、智能化、绿色化的现代新兴技术特征。建设现代化产业体系，需要不断提高产业的技术先进性，确保产业在技术和市场方面保持领先。这要求必须坚持科技是第一生产力、人才是第一资源、创新是第一动力的指导原则，坚持创新在我国现代化建设全局中的核心地位，实现高水平科技自立自强，成为世界主要科学中心和技术创新高地，让创新深深扎根于产业发展的土壤中，着力构建一批新的增长引擎，不断塑造发展新动能新优势，持续推进科技强国、教育强国、人才强国、制造强国、质量强国、航天强国、交通强国、网络强国、数字中国建设。

改革开放尤其是新时代以来，我国科技创新能力和产业体系的技术先进水平不断提高。2012—2021年，全社会研发经费支出快速提升，从1.02万亿元增长至2.8万亿元，居世界第二位，研发人员总量居世界首位，平均年增长12%。同期专利申请数量大规模增加，从每年205万件快速提升至524万件，平均每年增长13%。新时代10年，我国基础研究和原始创新不断加强，一些关键核心技术实现突破，战略性新兴产业不断发展壮大，载人航天、探月探火、深海深地探测、超级计算机、卫星导航、量子信息、核电技术、新能源技术、大飞机制造、生物医药等取得重大成果，进入创新型国家行列。

2023年，我国通过加大制造业企业技术改造资金支持力度，实施制造业技术改造升级工程，广泛应用数智技术、绿色技术，推动大规模技术改造和设备更新；针对规模大、带动性强的钢铁、有色等10个重点行业分别实施稳增长方案，促进了传统产业竞争力的持续提高，向价值链中高端不断拓展；加快制造业数字化转型，深入实施智能制造工程和中小企业数字化赋能专项行动，从供需两端发力，营造创新生态，高水平赋能新型工业化，产业数字化取得明显进展，制造业重点领域关键工序数控化率、数字化研发设计工具普及率分别增长至60.1%和78.3%，工业机器人、工业软件广泛普及，工业互联网应用覆盖85%以上的工业大类。制造服务业专业化服务能力不断提升。

我国轨道交通装备、船舶与海洋工程装备、新能源汽车、光伏、通信设备、动力电池、稀土等产业处于并跑乃至领跑位置。数字产业化加快发展，移动操作系统快速发展，开源生态建设加快推进。产业体系中的战略性新兴产业、未来产业占比持续提高，战略性新兴产业增加值占GDP比重超过13%，我国人工智能企业数量超过4400家，较大型工业互联网平台超过270家。全国已建设近万家数字化车间和智能工厂，具有世界先进水平的智能制造示范工厂达到209家。2023年规模以上装备制造业增加值增速为6.8%，拉动规模以上制造业增加值2.2个百分点。积极前瞻布局未来产业，推动人工智能、人形机器人、元宇宙、下一代互联网、6G、量子信息、深海空天开发等前沿技术研发和应用推广，开辟产业新赛道，构筑未来发展新优势。

体现在代表性产品上，2023年，新能源汽车、锂电池、光伏"新三样"出口快速增长，首艘国产大型邮轮命名交付，国产大飞机C919投入商业运营，智能芯片、开发框架、通用大模型等创新成果不断涌现。绿色化方面，累计建设国家级绿色工厂3616家、绿色工业园区267家、绿色供应链管理企业403家，绿色工业园区平均固废处置利用率超过95%。培育196家绿色数据中心，5G基站的单站址能耗比商用初期降低20%以上。建设45个国家先进制造业集群，主导产业产值超10万亿元，合计占所属行业总产值的三成左右。

从投资看，产业体系的技术密集度不断提高。2023年高技术产业投资增长10.3%，快于全部投资7.3个百分点。其中，高技术制造业、高技术服务业投资分别增长9.9%、11.4%。高技术制造业中，航空航天器及设备制造业、计算机及办公设备制造业、电子及通信设备制造业投资分别增长18.4%、14.5%、11.1%；高技术服务业中，科技成果转化服务业、电子商务服务业投资分别增长31.8%、29.2%。

以新型基础设施为代表的现代化基础设施体系建设持续推进。网络强国战略深入实施，数字中国建设加快整体布局，我国已建成全球规模最大、技术领先的信息通信网络，5G网络建设全球领先，累计建设5G基站328.2万个，实现市市通千兆、县县通5G、村村通宽带。5G、千兆光纤、移动物联网终端、互联网协议第六版（IPv6）活跃用户数分别超过7.3亿、1.4亿、22.2亿、7.6亿。国家算力网络加快构建，"东数西算"工程全面实施，算力总规模居世界第二。交通强国建设稳步推进，现代物流体系不断健全，"通道＋枢纽＋网络"的现代物流运行体系框架基本形成。现代能源体系加快建设，全球首台16兆瓦超大容量海上风电机组并网发电，以沙漠、戈壁、荒漠地区为重点的大型风电光伏基地和西南水电基地建设加快推进。截至2023年底，我国累计建成充电设施859.6万台，数量居全球第一，逐步形成新能源汽车与充电基础设施相互促进的良性循环。国家水网工程加快推进，南水北调东、中线一期工程直接受益人口达 1.76 亿。

但是总体而言，我国科技创新能力和产业技术与世界先进水平还有差距，整体技术水平先进性还有待提高。根据中国工程院 2019 年的报告，中国 26 类代表性制造业中技术领先的有 5 类，技术先进的有 6 类，技术差距大的有 10 类，技术差距巨大的有 5 类，约 60% 的制造业技术差距还比较大。从创新投入看，虽然这些年研发投入大幅增长，但相比发达国家多年的投入而言，我国累积研发投入规模还严重不足，其中基础研究投入占比较低。从研发产出看，三方同族专利被认为是最能反映一国科技实力的专利分类，我国三方专利量从 2012—2017 年的世界第六位上升到 2014—2019 年的世界第四位，但与排名靠前的发达国家相比，在专利量、技术方向覆盖面和领域内均衡性等方面仍有较大差距，仅属于第三方阵。2020 年我国三方同族专利与专利申请总量的比值只有 0.33%，远低于同期的美国（2.16%）、日本（5.75%）和韩国（1.42%）。一些关键核心技术受制于人，对外依存度较高，2020 年高端芯片、半导体关键设备材料对外依存度超过 90%，几乎所有的高档液压件、密封件和发动机都要依靠进口。总体上看，我国原始创新能力和底层技术开发能力仍十分欠缺，绝大多数企业尚处于模仿创新和正向设计能力形成阶段，技术创新的主导模式是基于西方底层技术针对中国市场需求进行的二次创新，中国制造业在全球创新能力谱系中的独特能力尚未形成。因此，围绕建设先进性的现代化产业体系，要从以下几个方面发力。

一是深化科研体制改革，不断提高我国研发经费投入。要强化企业科技创新主体地位，大力弘扬企业家精神，全面提升企业的创新能力，培育更多产品卓越、品牌卓著、创新领先、治理现代的世界一流企业，不断壮大专精特新企业群体。要充分发挥社会主义市场经济条件下的新型举国体制优势，加强基础研究，加大基础研究的经费投入，强化高水平自主技术要素供给，推进创新链产业链资金链人才链深度融合，强化需求和场景牵引，高质量建设一批国家制造业创新中心和中试、应用验证平台，构建开放、协同、高效的共性技术研发平台；要提升关键核心技术创新能力，推进新一代信息技术、生物技术、新能源、新材料等领域的关键核心技术攻关工程，突破关键共性技术、前沿引领技术等，前瞻谋划类脑科学、量子信息、基因技术、未来网络、深海空天开发、氢能与储能等技术。

二是积极探索有效投资机制，适度超前加大信息基础设施、融合基础设施和创新基础设施等新型基础设施建设的投资力度，尤其是促进重大科技基础设施、科教基础设施、产业技术创新基础设施的建设完善，尽快建成布局完整、技术先进、运行高效、支撑有力的创新基础设施体系。

三是建立完善产业基础能力评估制度，加快实施针对"工业四基"的产业基础再造工程，围绕着大飞机、航空发动机、燃气轮机、电力能源装备、船舶与海工装备、工业母机、高端医疗装备和现代农机装备等领域，积极推进重大技术装备攻关工程，努力突破一批带有创新性、标志性的装备。

四是大力发展数字技术和数字经济，通过数字技术赋能传统产业转型升级，以智能制造为主攻方向，推进产业经济数字化。通过数字技术催生新产业、新业态、新模式，促进平台经济和共享经济健康发展，推进数字经济产业化。要深入实施智能制造工程和中小企业数字化赋能专项行动，推动人工智能创新应用，加快工业互联网规模化应用，提升网络安全保障能力，打造一批具有国际竞争力的数字产业集群。

五是以推进碳达峰碳中和为抓手，建设资源节约、环境友好的绿色工业化体系，加快发展方式绿色转型。要协同推进降碳、减污、扩绿、增长，推进生态优先、节约集约、绿色低碳发展，狠抓绿色低碳技术攻关，发展绿色低碳产业，以能源革命和绿色制造为突破口，构建以新能源为主体的现代绿色低碳能源体系和以绿色制造为主体的现代化产业体系。

协调性

产业体系本身是一个复杂的经济系统，这个系统是由技术、资金、劳动力、自然资源、制度、政策等要素组成的各类产业，以及各类产业在空间组合和时间连接的相互作用下发展形成的具有复杂结构的生态体系。现代化产业体系的协调性指产业结构在向高级化、合理化演化的过程中，各类生产要素有机组合、各类企业高度协同、各产业之间有效配合、产业链条各环节有序承转、区域合理布局的产业体系运行状态。建设现代化产业体系，必须构建要素高效配置、产业有机协调的体制机制，进而推动产业门类之间、区域之间、上下游环节之间、大中小企业之间、资金技术劳动力各要素之间的高度协同耦合，形成实体经济、科技创新、现代金融和人力资源高效协同的产业运行状态和发展格局，从而使得现代化产业结构向高级化、合理化演化。

提高产业体系的协调性，既是贯彻协调发展的新发展理念、推进高质量发展、实现物质文明与精神文明相协调的中国式现代化的内生需要，是解决区域和产业发展不平衡不充分问题的重要手段，同样也是构建新发展格局的重要内容。没有协调发展的产业体系，生产、流通、分配、消费各个环节就不能有序承转联通；供给和需求无法高效动态平衡，国内经济大循环就不可能畅通无阻，国内国际双循环也就不能有效相互促进。新时代以来，我国同步推进新型工业化、城镇化、信息化和农业现代化，全面完整准确贯彻新发展理念，推进高质量发展，着力解决发展不平衡不充分的问题，实施区域协调发展战略，总体上我国产业体系的协调不断提高，无论从一次产业、二次产业和三次产业产值和就业比例关系看，还是从传统产业升级改造、战略性新兴产业快速发展看，无论是从区域协调发展格局演化看，还是从我国各类企业共同成长过程看，我国产业结构变动总体符合产业结构演变的一般规律，产业结构不断向合理化、高级化发展。

但是，我国产业体系的协调性方面还存在一些比较突出的问题。一是科技和产业"两张皮"问题尚未有效解决，创新链和产业链的市场化对接融合机制和服务体系不健全，科技创新的要素和成果还不能很好地为实体经济发展服务。二是实体经济对现代化产业体系的支撑作用还不够，实体经济产业与虚拟经济产业发展不平衡，经济"脱实向虚"趋势明显。金融业服务实体经济能力还不够，金融业和实体产业之间的资金循环存在堵点和淤点。自我循环问题严重；大量高素质人才被"虹吸"离开制造业，呈现出过早过快去制造业化的倾向。三是国内统一大市场建设还有待推进，我国地区之间存在市场分割，贸易成本高、要素流动成本高问题明显，基于区域主体功能定位和比较优势的产业分工格局还有待完善，城乡区域经济发展差距问题还比较显著。四是受管理体制固化、政策协同不够、复合型人才短缺等因素制约，产业融合化水平还有待提高。数字技术与实体经济深度融合程度不够；现代服务业同先进制造业、现代农业融合有待深化，不能有效适应产业行业边界越来越模糊、前沿科技跨领域交叉融合的发展趋势。

针对这些问题，需要促进实体经济、科技创新、现代金融、人力资源协同发展，形成"科技—产业—金融—教育—人才"高效联动局面，实现"科技—产业—金融—教育—人才"良性循环，从而提高现代化产业体系的协调性。具体而言，一是深化科技和产业创新体制改革，不断加强和完善科技创新体系建设，创新科技成果转化机制，要形成从基础研究到应用研究完整的创新体系，努力修补技术研发与产业化之间的链条缺失，提高科技成果转化率；二是深化教育体制改革，重视培育创新型、高技能、复合型的产业工人，加大力量培养STEM（科学、技术、工程、数学）领域的复合型人才，形成实体经济吸引高素质人才的体制机制；三是将经济发展着力点放在实体经济上，现代化产业体系一定是以实体经济为支撑的产业体系。深化金融供给侧结构性改革，提高金融服务实体经济的能力，完善金融支持创新的体系，切实解决"脱实向虚"问题，畅通金融和实体经济之间的循环，健全实体经济中长期资金供给制度，创新直达实体经济的金融产品和服务，增强多层次资本市场融资功能。四是促进数字技术和实体经济深度融合，培育壮大人工智能、物联网、量子计算等新兴产业，打造一批具有国际竞争力的先进制造业集群，进一步把握数字化、网络化、智能化方向，利用数字技术对制造业、服务业、农业进行全方位、多角度、全链条改造，大力开拓数字化转型场景，不断培育发展新产业、新业态、新模式。五是大力推进未来产业、战略性新兴产业、支柱产业、传统产业有效协同，大力发展现代服务业，推动生产性服务业向专业化和价值链高端延伸，着力推动现代服务业同先进制造业、现代农业等的深度融合。五是加快国内统一大市场建设，促进各类产业要素有效流动配置，基于主体功能区定位优化重大生产力布局，促进区域协调发展，不断完善高新园区、产业园区的功能和布局。

安全性

现代化产业体系的安全性是指在统筹产业发展与产业安全、统筹开放发展与经济安全的前提下各个产业、产业链、供应链能够实现自主可控、安全可靠。建设具有安全性的现代化产业体系，要求增强忧患意识，坚持底线思维，通过"自主"的方式达到产业和产业链的"可控"进而实现"产业安全"的目标。从产业链角度看，产业体系自主可控是指对产业链、供应链的关键环节具备较强的把控力，把产业链、供应链风险控制在可控范围内，对链条上的各环节、各主体、各要素具有控制力和影响力，能确保产业链、供应链平稳运行，在特殊时期保障基本安全。这既涉及原料、零部件、生产设备、机械装备等实物资产的供应，也涉及技术、软件、知识产权等无形资产的供应。需要注意的是，并不存在绝对安全的产业链，只有安全水平相对较高的产业链，实现产业体系自主可控，追求的是一种相对安全的状态。

过去几十年，产业链的全球化布局以效率提升和成本降低为基本逻辑，在全世界范围寻找最优生产方案。由于其全球分布及高效运作，所有积极参与全球产业布局的国家都驶入了经济发展快车道。当前，世界百年未有之大变局加速演化，新一轮科技革命和产业变革深入发展，国际力量对比深刻调整，逆全球化思潮抬头，单边主义、保护主义明显上升，世界经济复苏乏力，局部冲突持续发酵，全球性问题加剧，世界进入新的动荡变革期。世界经济从"快速全球化"进入"慢全球化"阶段，未来全球制造业和产业链供应链格局将朝着区域化、本土化、数字化、智能化等方向加速调整和重塑，国际经济政治格局演变给全球产业链供应链带来了巨大挑战，产业安全风险日益上升为重要议题，各国都开始谋求建立独立自主、安全可控的产业体系。

在此背景下，中国面临在开放经济条件下如何确保产业安全、增强发展主动权的重大挑战。总体上看，未来我国产业体系的安全性受到以下三种挑战：一是关键核心技术对外依赖导致的极端情况下产业链断供停摆的底线型产业安全风险，二是新一轮产业革命和大国博弈背景下战略性产业发展滞后引发的发展型产业安全风险，三是美欧等发达国家推动全球产业和创新体系"去中国化"导致的开放型产业安全风险。此外，粮食安全、能源安全和资源环境约束问题较为突出，粮食、铁矿石、石油等对外依赖性较强。由于我国特殊的饮食习惯以及庞大的人口基数，我国食用油需求远超其他地区，我国大豆对外依存度始终在75%以上。作为钢铁工业的基础原料，铁矿石是对国民经济、国防工业都极为重要的战略资源，近年来我国铁矿石对外依存度平均在75%左右。原油对外依存度持续高位对国家能源安全带来较大风险挑战，2019年之后，我国原油依存度一直保持在70%以上。

因此，建设现代化产业体系要求统筹好发展与安全的关系，积极探索在开放经济体系下有效提升国家产业安全水平、提高产业链供应链韧性的有效路径。一方面，坚持走和平发展的中国式现代化道路，推进高水平对外开放，稳步扩大规则、规制、管理、标准等制度型开放，对标CPTPP、DEPA等国际高标准经贸规则，反对保护主义，坚持"走出去"和"引进来"相结合，以国内大循环形成对全球要素资源的强大吸引力、在激烈国际竞争中的强大竞争力、在全球资源配置中的强大推动力，培育更多产品卓越、品牌卓著、创新领先、治理现代的世界一流企业，促进我国产业深度参与全球产业分工和合作，在全球竞争中提升自己的产业竞争力；另一方面，面对美国对我先进制造业遏制打压不断升级的困难局面，要坚持底线思维、极限思维，找准关键核心技术和零部件"卡脖子"环节，深入实施产业基础再造工程和重大技术装备攻关工程，着重推进新一代信息技术、生物技术、人工智能等领域的关键核心技术攻关，实现高端芯片、操作系统、新材料、重大装备的核心技术的率先突破，提升产业基础高级化、产业链现代化水平，有效推进产业链的强链补链稳链，积极开展重点领域产业竞争力调查和产业安全评估，完善产业安全管理体系，尤其是要建立权责清晰、多部门紧密协作的产业链供应链安全管理体系。要强化产业安全政策对中国制造业发展规划、重大科技专项、反垄断等各项微观经济政策制定实施的指导和协调作用。

近年来，我国围绕重点产业链、供应链，找准关键核心技术和零部件"卡脖子"环节，深入实施产业基础再造工程和重大技术装备攻关工程，着重推进关键核心技术攻关，努力实现高端芯片、操作系统、新材料、重大装备的核心技术的率先突破，提升产业基础高级化、产业链现代化水平。国家实验室体系建设有力推进，国家重大科技项目加快实施，航空发动机、燃气轮机等传统短板取得长足进展，人工智能、量子科技等科技新赛道加快成长。5G、载人航天、大飞机、大型邮轮、高端医疗装备等领域取得一批重大标志性成果，关键材料保障能力大幅提升。信息通信产业技术实现从"跟随模仿"到"引领创新"，5G标准必要专利声明量全球占比达42%，6G、量子通信等前沿技术研发处于全球第一阵营。安全保障能力不断增强，网络安全产业总体规模突破2000亿元。

包容性

现代化产业体系的包容性是指产业体系内的各类现代产业发展的成果能更多更公平地惠及全体人民，产业体系能包容各种不同类型的企业、产业和所有利益相关者，体现了共享发展的新发展理念和全体人民共同富裕的中国式现代化的基本要求。

在推进现代化产业体系建设中，技术创新在促成产业现代化、经济增长和人均收入水平提高的同时，也会产生分配效应，影响收入分配格局。与传统工业化进程中欧美发达国家呈现出的收入不平等程度与经济发展程度先上升后下降的倒 U 形关系不同，20 世纪 80 年代以来，随着数字化、经济全球化和去制造业化的深化，发达国家大多呈现出收入差距逐年拉大的趋势。国外经济发展已经表明，数字技术的广泛应用会带来就业和收入分配的"三重极化"效应。一是"超级明星企业"占据了绝大部分利润、数据和市场份额；二是数据等数字化资本要素深度参与利润分配对劳动收入产生了挤出效应，使得劳动收入份额相对于资本要素所得下降；三是由于人工智能对中等技能劳动者的替代，以及数字技术对操作性技能劳动者的替代，引发收入分配极化趋势。

我国现代化产业体系的建设中也会呈现数字化、经济全球化和去制造业化趋势，也需要大力推进数字产业化和产业数字化。对于我国而言，面对如此庞大的人口规模，建设现代化产业体系进程中的技术升级转型带来的就业岗位转换必然是大规模的，以及由此而产生的收入差距扩大问题也会比较严峻，这对我国如何实现全体人民共同富裕的现代化提出了更大挑战。因此，建设现代化产业体系必须考虑到包容性，要注意避免现代产业发展过程中收入分配的极化效应，推进技术创新，推进产业结构高级化、数字化、绿色化要兼顾社会效益和社会责任，不能一味地从产业体系先进性、技术创新和产业转型升级角度考虑现代化产业体系建设，要形成创新发展、协调发展、绿色发展与共享发展内在统一的高质量发展模式。

具体而言，一方面，要在大力发展数字经济的背景下主动利用数字经济消除可能出现的数字鸿沟，在创造高质量就业的同时缩小收入差距。更加积极地预防和消除城乡之间、社会不同人群之间的数字基础设施鸿沟，推动数字技术在不同行业、不同地区、不同群体最大程度的扩散应用，通过政策性的教育培训推动劳动者技能更好地适应数字技术进步，将数字经济创造的灵活就业转化为国家支持促进的正规就业，使得数字经济红利尽可能广泛地惠及社会大众；另一方面，不能信奉所谓的"涓滴效应"，而要不断完善分配制度，坚持按劳分配为主体、多种分配方式并存，构建初次分配、再分配、第三次分配协调配套的制度体系，通过分配制度的完善来提高现代化产业体系的包容性，使得全体人民都能够分享到现代化产业体系建设的成果，从而推进实现全体人民共同富裕的中国式现代化。

建设现代化产业体系的政策方向

党的二十大报告对全面建成社会主义现代化强国进行了战略擘画，提出到2035年我国基本实现社会主义现代化，建成现代化经济体系，形成新发展格局，基本实现新型工业化、信息化、城镇化、农业现代化。无论是建成现代化经济体，还是形成新发展格局，以及基本实现"新四化"，都需要加快建设现代化产业体系。现代化产业体系就是建立在现代技术、资本和人力等要素基础之上，由现代化产业、产业链和产业集群构成的经济体系，具有创新引领、协调发展的特性。现代化产业体系是现代化经济体系的产业子系统，在国民经济循环体系中，产业体系发挥了生产和再生产的关键作用，具有驱动经济循环畅通无阻的动力和基础地位，而实现新型工业化、信息化、城镇化和农业现代化更是需要以现代化产业体系为支撑。因此，中国要基本实现现代化，全面推进并形成创新引领、协调发展的现代化产业体系就成为一项重大核心任务。为此，我国需要重点把握以下三方面政策方向。

把握产业融合创新的现代化趋势，积极推进以先进制造业为核心的产业融合发展

产业融合创新是当今世界产业现代化的发展趋势和重要发展方向，是在新一轮科技革命和产业变革背景下产业组织形态变化的突出特征和新模式。在技术变革尤其是数字技术发展的驱动下，不同产业、行业之间的相互渗透、交叉重组，促进了价值链的分解、重构和功能升级，产生了大量新产业功能、新产业形态、新产业组织方式以及新商业模式，提高了产业适应、引领、创造新需求的能力，从而促进了产业创新发展。

制造业在产业体系中处于核心地位，制造业是技术创新的核心载体，既是创新的供给方，也是创新的需求方。推进一个大国的现代化产业体系建设，需要产业整体向高端化、信息化、数字化、绿色化方向发展，这既包括传统产业转型升级，也包括新兴产业的成长发展，尤其是新一代信息技术、人工智能、生物技术、新能源、新材料、高端装备、绿色环保等战略新兴产业的占比需不断提高，以此提供经济新的增长引擎。这个过程中，一方面要推进制造业与高技术产业，尤其是数字技术产业、绿色技术产业

的深度融合创新，加快推进数字产业化、产业数字化，以数字经济赋能制造业；另一方面要构建优质高效的服务业新体系，推进制造业与服务业、农业的深度融合创新，实现三次产业的深度融合发展。在这两方面的融合创新过程中，制造业沿着高级化、绿色化、数字化方向转型升级，战略性新兴产业占比会日益提高，农业现代化水平和产业体系的现代化水平将不断提升。

先进制造业与现代服务业融合发展，一方面促进了制造业的高质量发展，另一方面推进了生产性服务业向专业化和价值链高端延伸，可以激发大量新产业、新业态和新模式，包括工业设计服务、定制化服务、供应链管理、共享或协同制造、全生命周期管理、总集成总承包或系统解决方案提供服务、信息增值或智能服务、生产性金融服务、节能环保服务等等。基于国家统计局数据，2017—2021年，我国新产业、新业态、新模式"三新"经济增加值逐年提高，分别为129578亿元、145369亿元、161927亿元、169254亿元、197270亿元，其占GDP的比重也逐年提升，从2017年的15.7%提高至2021年的17.25%。这些"三新"大多是推进服务型制造或者制造业服务化的产业融合创新的成果。与此同时，在融合过程中我国现代服务业的竞争力也不断提升，以研发服务、工程技术服务、检验检测等为代表的服务外包业务快速增长，2019年我国服务外包执行额首次突破万亿元。

特别值得强调的是，产业融合发展不仅仅指国内产业之间的融合，从产业区域布局看还包括国内外的产业融合发展。现代化产业体系一定是一个开放的产业体系，新发展格局也是一个国内国际双循环相互促进的发展格局，这意味着无论从打造现代化产业体系看，还是从构建新发展格局看，都需要支持企业深度参与全球产业分工和合作，促进内外产业深度融合。党的二十大报告指出，依托我国超大规模市场优势，以国内大循环吸引全球资源要素，增强国内国际两个市场两种资源联动效应，提升贸易投资合作质量和水平。内外产业的深度融合，在微观层面体现为企业深度参与全球产业分工、进行国际贸易投资合作，在宏观层面体现为以产业为载体联动国内国际两个市场、联动国内国际两种生产要素资源。只有通过国内外产业深度融合，我们才可能依托我国超大规模市场优势吸引全球要素资源，在构建互利共赢、多元平衡、安全高效的开放型经济体系中不断增强我国国际经济合作和产业竞争新优势，从而在经济全球化背景下提高产业整体竞争力，实现经济安全。

适应全球产业链竞争和产业链现代化要求，建设强大而有韧性的现代化产业链

当今全球经济竞争，已经不仅仅是企业之间、产业之间的竞争，而是步入产业链竞争时代。构成一个国家产业安全威胁的主要是全球产业链的"断链"或者"卡链"，而确保开放经济条件下产业链不被"卡""断"，受到外部冲击时能够不受影响或者迅速恢复，这种能力就是产业链韧性的表现。要保证产业体系的自主可控、安全可靠，产业链必须具有很强的韧性。当前，我国产

业链供应链面临前所未有的多重压力。在百年未有之大变局加速演化背景下,我国产业链面临着新工业革命下产业链重构、"卡脖子"技术供给短缺、逆全球化"脱钩断链"、初级产品供给波动巨大、俄乌冲突持续深化等多重因素叠加可能引发的重大产业安全风险。

围绕着提高我国产业链韧性,可以从要素、企业、产业和生态各个层面入手。一是加快科技自立自强步伐,实现高端芯片等核心技术的率先突破;二是加快培育链主企业和关键节点控制企业,造就出一批世界一流企业、大量的专精特新中小企业和"单项冠军"企业,掌控产业链关键节点;三是制定实施有效的产业链政策,增加链主企业和关键节点企业的备份,提高产业链上下游企业的协调配套能力,降低全链条交易成本;四是深化科技体制改革,深化金融供给侧结构性改革,持续优化产业链生态,促进科技、产业、金融良性循环。

尤其值得强调的是,迄今为止,我国还缺少针对产业链问题的常态化综合性动态分析监控和政策制定机制,从长期看会影响重大产业链战略制定的科学性,从短期看会影响产业链政策调整的有效性。实际上,产业链安全的重要性已得到共识,但又很难针对产业链提出有前瞻性、针对性的产业链政策,其中的重要原因是没有针对产业链动态变化情况形成常态化的基础分析框架、动态信息收集反馈处理机制以及相应的政策工具箱。产业链政策与产业政策不同,更需要跨产业的信息支撑、跨部门的有效合作、对上下游企业供求关系的动态把握,我国长期以来形成的产业分析研判机制和产业政策制定机制并不太适用于产业链。为此，一方面要对产业链进行分类梳理，在此基础上由相关政府部门、企业（尤其是链主企业和平台企业）、行业协会、研究机构等参与联动，解决好政务大数据各自为政、数据孤岛、数据保密等问题，建立针对各类产业链的常态化信息收集反馈、综合分析处理机制，从而及时、动态、准确把握产业链上下游企业生存状态和供求关系变化情况；另一方面，要形成定期的、常态化的产业链政策会商协调、分析研判机制，逐步建立完善产业链政策体系和政策形成机制。这个机制要坚持产业链政策完善营商环境、降低交易成本、维护产业安全、畅通经济循环的基本定位，推出的产业链政策要有利于促进产业链、创新链、人才链、资金链深度融合。

顺应产业集群化发展的现代化趋势，积极打造战略性新兴产业和数字产业集群

产业集群化发展是产业现代化的另一个重要发展趋势。一定区域内生产一定种类产品的技术经济关联企业和机构集聚协同发展，就会逐步形成产业集群。产业集群化发展具有要素集聚协同性强、知识传导外溢性强、创新能力强、主体互动便利等特性，有利于更好地形成专业化分工协作、规模化发展等各种集聚效应。从产业集群化发展看，虽然我国已经形成了一大批产业集群，但无论是集群数量还是集群质量都还不够，许多产业尤其是战略性新兴产业的发展还没有形成合理的专业化分工体系和产业生态，

还缺少世界级先进制造业集群，战略性新兴产业领域具有国际竞争力的产业集群还十分缺乏，支撑我国数字经济大发展的具有国际竞争力的数字产业集群也亟待培育。

未来推进产业集群化发展，把握政策着力点时应该重视以下几个方面。一是产业集群发展要与我国区域协调发展和城市群发展战略协同。新时代以来，我国已经制定并实施京津冀协同发展、长江经济带、粤港澳大湾区、长三角一体化等重大区域协调发展战略，并实施"两横三纵"19个城市群发展规划。作为经济增长极的区域和城市群，需要布局高技术和战略性新兴产业的集群，这些集群发展要与这些区域发展战略有效结合起来，推进产业集群发展与城市建设深度融合，形成以群促城、以城兴群、群城融合发展的良好态势。二是建立完善产业集群化发展的体制机制。要建立区域协同机制，探索建立区域间产业集群要素有效流动的体制机制，推进区域间科技成果转移转化；加快产业集群协同创新中心或产业研究院建设，加快产业集群前沿和共性技术研发；完善科研、人才、金融管理体制机制，强化集群内的产业链、创新链、金融链、人才链的深度融合；完善产业集群的管理体制机制，形成政府主管部门、产业集群运营机构、产业集群内部各个主体之间的协同机制，强化数字化管理平台作用，建立并完善面向产业集群的信息服务平台。

提升产业基础能力与产业链水平的路径

产业基础高级化与产业链现代化水平是衡量现代化产业体系的关键维度，建设现代化产业体系，需要实现产业基础高级化与产业链现代化。2019年7月30日，中共中央政治局召开会议，要求紧紧围绕"巩固、增强、提升、畅通"八字方针，深化供给侧结构性改革，提升产业基础能力和产业链水平。2019年8月26日召开的中央财经委员会第五次会议指出，要充分发挥集中力量办大事的制度优势和超大规模的市场优势，打好产业基础高级化、产业链现代化的攻坚战。再次强调提升产业基础能力与产业链水平，同时也认识到提升产业基础能力与产业链水平的任务艰巨性，将其作为一场攻坚战。党的二十大报告中进一步要求实施产业基础再造工程和重大技术装备攻关工程，支持专精特新企业发展，推动制造业高端化、智能化、绿色化发展。提升中国产业基础能力和产业链水平，一方面，我们需要从我国现代化战略全局把握提升产业基础能力和产业链水平的重大意义及面临的关键问题；另一方面，我们还需要从世界百年未有之大变局的维度来科学认识产业基础能力和产业链水平问题的内涵及提升路径。

一般而言，可以将产业基础能力表述为一个国家和地区所具有的产业形成和发展的基础保障条件和综合实力，尤其是在核心基础零部件、基础工艺、基础材料、基础技术、基础动力和基础软件等方面的生产研发条件和力量。而在全球价值链分工时代，一个国家或者地区的产业形成和发展水平，主要体现为该国和地区的企业整体上参与全球价值链产业分工中所处地位以及对构建全球价值链所拥有的治理权力或者控制能力。因此，在全球价值链视角下，产业基础能力也可表述为一国或者地区所具有的支撑产业参与和构建全球价值链分工的基础性条件和力量。一个国家或者地区产业基础能力水平高，则表明该国或地区企业整体上具有在全球价值链产业分工中获取高附加值地位和治理权力的基础性条件和力量，而产业基础能力高级化则是一个提升产业基础能力和产业价值链地位的过程。产业链现代化是指一个国家或者地区提升产业链水平、强化其产业在全球价值链各环节的增值能力、实现在全球价值链的地位升级的过程。

改革开放以来，在快速赶超的工业化战略指导下，我国快速推进了工业化进程，现已经步入工业化后期。我国积极参与全球价值链，已成为世界第一工业和贸易大国，在全球产业体系中具有重要地位。从中国制造业的全球价值链参与程度的变化趋势来看，一方面，制造业从前向和后向两个视角全面嵌入全球价值链的程度不断加深；另一方面，中国制造业参与全球价值链的国内附加值比重显著提升，制造业在全球价值链中的地位不断提高。但是，总体而言，我国工业化进程还存在不平衡不充分的问题，我国产业大而不强，尤其是产业基础能力较弱，与全球顶级工业强国差距较大，在全球价值链体系中的附加值还较低，缺乏具有全球影响力的跨国公司，在全球价值链体系中缺乏话语权，这主要表现在以下两个方面。

一是以"工业四基"为代表的产业基础还比较薄弱，核心技术受制于人的现状短期内难以改变。

回顾改革开放以来的中国发展道路，中国经济快速发展更多依靠的是庞大的市场规模、后发模仿创新的技术源泉、要素低成本供给等比较优势，这种发展路径是一种后发赶超的"快车道"，但天然带来产业基础能力积累过程的缺乏。这造成高端产业发展不够和产业价值链高端环节占有不足，产业智能化、绿色化、服务化的水平不高，关键装备、核心零部件和基础软件等严重依赖进口和外资企业，产品档次偏低，标准水平和可靠性不高，高品质、个性化、高复杂性、高附加值产品的供给不足。尤其工业基础能力薄弱一直是制约我国工业发展的最大短板，"工业四基"的自主化程度低，关键共性技术缺失，产品质量和可靠性难以满足需要，包括试验验证、计量、标准、检验检测、认证、信息服务等在内的基础服务体系不完善，信息社会背景下的基础软件、操作系统、计算机算法等现代产业的核心基础更是主要依赖国外。基于我国的制造强国战略，期望到2025年，70%的核心基础零部件、关键基础材料实现自主保障，80种标志性先进基础工艺得到推广应用，部分达到国际领先水平，建成较为完善的产业技术基础服务体系，逐步形成整机牵引和基础支撑协调互动的产业创新发展格局。2016年，工信部等部委联合发布《"工业四基"发展目录（2016年版）》，列出了新一代信息技术、高档数控机床和机器人、航天航空装备、海洋工程装备及高技术船舶、先进轨道交通装备、节能与新能源汽车、电力装备、农业装备、新材料、生物医药及高性能医疗器械和其他共11个领域的287项核心基础零部件（元器件）、268项关键基础材料、81项先进基础工艺、46项产业技术基础（见表3-1），从中可以看出我国产业基础短板还比较突出。

表3-1 我国产业基础"短板"的基本情况（2016年，单位：项）

领域	核心基础零部件（元器件）	关键基础材料	先进基础工艺	产业技术基础	合计
新一代信息技术	48	28	5	12	93
高档数控机床和机器人	38	23	6	2	69
航空航天装备	27	27	17	1	72
海洋工程装备及高技术船舶	48	34	5	2	89
先进轨道交通装备	15	15	4	2	36
节能与新能源汽车	27	25	6	4	62
电力装备	28	31	11	2	72

（续表）

领域	核心基础零部件（元器件）	关键基础材料	先进基础工艺	产业技术基础	合计
农业装备	22	7	0	1	30
新材料	4	32	1	6	43
生物医药及高性能医疗器械	13	19	12	5	49
其他	17	27	14	9	67
合计	287	268	81	46	682

资料来源：根据工信部等《"工业四基"发展目录（2016年版）》整理，http://www.cm2025.org/uploadfile/2016/1122/20161122053929266.pdf，2016年11月22日。

2018年，《科技日报》在"亟待攻克的核心技术"系列报道中，列举了35项"卡脖子"技术（见表3-2），以及中国存在的差距。这些"卡脖子"的关键技术掌握在美、欧、日等发达国家和地区手中，核心技术受制于人。关键技术和核心零部件依赖进口，关键零部件、元器件、关键原材料的自给率仅为1/3。高端数控机床、芯片、光刻机、操作系统、医疗器械、发动机、高端传感器等存在"卡脖子"的问题，中国制造在这些领域的研发和生产依然存在亟须攻破的技术难关。工信部对全国30多家大型企业、130多种关键基础材料的调研结果显示，32%的关键材料在中国仍为空白，52%依赖进口，绝大多数计算机和服务器的95%的高端专用芯片、70%以上的智能终端处理器以及绝大多数存储芯片依赖进口。由于产业基础能力薄弱，当前我国许多产业面临"缺芯""少核""弱基"的窘境。在这种背景下，打造世界知名品牌，提升产业的国际分工地位根本无从谈起。总之，核心基础零部件设计能力不强、关键基础原材料缺失、缺乏对先进制造工艺的掌握、基础工业制造软件外部依赖严重，这些都是中国现在产业基础能力薄弱的具体表现。

表3-2 我国产业基础"卡脖子"项目清单

类型	列举
核心基础零部件	掘进机主轴承、蛋白质3D高清透射式电镜、扫描电镜、高端轴承钢、平板显示用大号靶材、激光雷达、重型燃气轮机叶片、真空蒸镀机、航空发动机短舱、顶级光刻机、高压柱塞泵、水下连接器
核心基础电子元器件	射频器件、芯片、机器人触觉传感器、高端电容电阻、医学影像探测器
工业软件	操作系统、工业机器人算法、EDA工业软件、数据管理系统、航空软件
关键基础原材料	光刻胶、航空钢材、铣刀材料、微球、车用燃料电池材料、环氧树脂
先进基础工艺	创新药"靶点"、电控柴油机高压共轨系统、高端焊接电源技术、高端隔膜技术、超精密抛光工艺
产业技术基础	航空的适航标准

资料来源：根据《科技日报》（自2018年4月19日始）系列专栏"亟待攻克的核心技术"（共35期）整理。这里归类为笔者主观划分。

二是全球产业链供应链正处于深度调整过程中，这要求必须高度重视中国产业链供应链的安全问题。

近年来，世界范围内逆全球化趋势暗流涌动，单边主义盛行。国际金融危机发生后，世界主要经济体推出的保护主义措施不断加码，严重威胁贸易和投资的自由化以及全球经济的一体化。2017年7月，英国经济政策研究中心（CEPR）发布的《全球贸易预警》报告显示，2008年11月至2017年6月，二十国集团（G20）的19个成员国（不包括欧盟）总计出台了6616项贸易和投资限制措施，相比而言，贸易和投资自由化措施仅为2254

项。其中，美国成为全球保护主义措施的主要推手。数据显示，金融危机后，美国累计出台贸易和投资限制措施1191项，居全球首位，是中国的4.5倍多。

另外，伴随着新一轮科技和工业革命的蓬勃兴起，人工智能、工业互联网、高端机器人等新科技的发展和应用带动制造业智能化、绿色化、服务化发展，不仅催生了新产业群，而且使得纺织服装、机械加工、化工建材等传统产业的部分环节被重新布局到发达国家的可能性增大。随着全球价值链空间布局的变化，世界范围内以劳动力成本为核心的传统比较优势对全球化的推动作用有所弱化。从这一角度来看，近年来出现的逆全球化现象不应被简单解读为一连串的偶发政治事件或者仅仅是民粹主义者的鼓噪，在这些纷繁表象的背后实则是世界实体经济正在酝酿重大变革，同时也折射出中美贸易摩擦的深层次原因，意味着单边主义增强、全球化放缓的倾向有可能在更大范围向更多领域渗透，这将直接影响未来跨国公司的投资战略布局。

由于近些年贸易保护主义和新一轮科技和产业革命的影响，全球供应链已经呈现出本地化、区域化、分散化的趋势，而2020年新冠肺炎疫情又对全球生产网络带来了新的巨大冲击，全球供应链布局面临巨大调整，中国在全球供应链的安全与全球地位受到极大挑战。虽然疫情并未改变各国的成本结构和技术能力，中国自身的要素成本和中美贸易摩擦走向仍然是影响我国供应链分工地位的最主要因素，但疫情的负面影响不仅限于全球供应链中断风险不断加大而威胁我国供应链安全，还在于疫情大大强化了欧美企业家、研究者和政策制定者对调整目前所谓的"以中国为中心的全球供应链体系"的主张和决心,因而会在供应链关系层面对我国供应链的优势地位产生更加深层次的影响,而这正是未来我国战略调整和政策部署最需要关注的问题点。我们必须从长期角度思考如何在产业链安全和产业链效率之间寻求平衡。

因此,必须从思想上高度重视提升产业基础能力和产业链水平,从中华民族伟大复兴战略全局和世界百年未有之大变局的"两个大局"高度认识其必要性。

从中华民族伟大复兴的"两个百年"目标看,提升产业基础能力和产业链水平、促进产业基础高级化和产业链现代化,是深化供给侧结构性改革、建设现代化经济体系、促进经济高质量发展的必需。我们需要通过产业基础再造,打破对传统的经济发展路径的依赖,这既是深化供给侧结构性改革的一项重要工程,也是建设现代化经济体系的一项重要任务。长期以来,我国的产业体系与我国粗放型经济增长方式相适应,其形成基础是低成本要素、模仿型技术、低价值链环节与庞大低端目标市场,这样的产业基础锁定了我国速度导向的经济增长路径,但结构性问题突出,经济发展质量亟待提高。无论是从补产业短板的角度看,还是从大力培育新动能、提高企业创新能力和活力的角度看,无论是从提高产业链高级化和现代化水平,还是从提高供给对需求适应性的畅通经济运行看,我国产业基础能力不适应产业发展和需求侧变化都已经是供给侧最为突出的矛盾,尤其是从产业安全角度考虑,这个矛盾显得更为突出。

破解这个突出矛盾已是供给侧结构性改革的关键任务。从建设现代化经济体系看，我国现有的产业基础能力还无法适应创新引领、协同发展的产业体系的要求，制约了产业链现代化水平的提升，难以支撑现代化经济体系建设，因此，要建设现代化经济体系，必须再造产业基础。具体而言，一方面，弥补工业化时代我国产业基础的短板，包括大幅度提高"工业四基"的能力，以及极大改善产业发展的国家质量基础设施（NQI，由计量、标准、认证和检验检测组成）、配套能力、制度环境等广义的产业基础，进而彻底纠正实体经济内部结构失衡现象，提高实体经济供给质量，彻底扭转虚拟经济和实体经济之间"脱实向虚"的问题。改革开放以来，中国快速推进工业化进程，用几十年的时间走完了工业化国家上百年的历程，但很多工业基础不牢固，需要通过产业基础再造工程彻底强化各类产业基础，推动产业基础高级化、产业链现代化，进而推进现代化经济体系建设。另一方面，抢抓信息化时代的新产业革命带来的重大机遇，全面强化以工业软件、操作系统、数据库、物联网、人工智能、5G等为核心内容的现代信息产业的基础能力，促进高新技术产业和战略性新兴产业快速发展，推进互联网、大数据、人工智能和实体经济深度融合，支撑产业体系的数字化、网络化、智能化发展，最终促进传统经济体系向现代化经济体系的转化。

从世界进入百年未有之大变局看，提升产业基础能力和产业链水平，也是加速形成以国内经济循环为主、国内国际经济循环相互促进新发展格局的需要。当今世界正经历着新一轮大发展、大变革、大调整，大国战略博弈全面升级，国际体系和国际秩序深度调整，不确定不稳定因素明显增多。双循环新发展格局的提出具有重大战略意义，我国已经具备了国内经济循环主导的基础条件。从生产供给角度看，我国具有最完整、规模最大的工业供应体系；从消费需求看，我国具有广阔的、需求多样的国内消费市场，中等收入群体规模全球最大。总体而言，我国已经步入工业化后期，我国产业链、供应链和消费市场已经具备了满足规模经济、集聚经济的要求并依靠国内经济循环的经济效率基础；近些年数字经济、电子商务、物流行业、平台模式等大发展，进一步实现了消费便利、生产流通的规模经济，提高了畅通产业链、供应链的能力。但是，我国经济还存在制约国内经济循环，尤其是制约国内经济高质量循环的一些问题，而产业基础能力薄弱、产业链水平有待提升就是一个关键问题。要强调的是，以国内经济循环为主，并不意味着我国经济不再重视国际经济循环，经济开始内卷化，我们说的"双循环"新发展格局是在积极拓展国际循环、国际循环的流量保持增长的前提下，通过深化供给侧结构性改革、提高经济供给质量、挖掘国内巨大消费潜力来实现的。要实现这样的双循环新发展格局，除了继续对外开放、进一步拓展外资外贸工作，更为关键的是通过供给侧结构性改革，提高国内经济供给质量，挖掘国内消费潜力，在提高国内自我经济循环量的同时，使得国外产业更加依赖中国供应链和产业链，更加依赖中国的巨大消费市场。这进一步要求我国提高产业基础能力和产业链水平。针对上述产业基础能力和产业链水平的问题，需要从以下几方面来提高产业基础能力高级化和产业链现代化水平。

第一，从战略上区分不同路径，有效提升产业基础能力和产业链水平，有针对性地提高中国企业全球价值链治理能力，实现转型升级。

以上我们对产业基础能力和产业链的分析还停留在宏观上，并没有具体到不同类型的产业。实际上，产业类型不同，其全球价值链特征以及全球价值链治理模式就会不同，提升产业基础能力和产业链水平的路径也就不同。基于对全球价值链治理主导权的企业类型，有以下三种提升价值链地位的路径。

一是生产者驱动路径。这适用于生产者驱动型全球价值链。所谓生产者驱动型全球价值链，是指其主要战略环节在研发和生产领域，生产企业因拥有核心技术优势而掌握对全球价值链的构建和治理能力。大多数制造业都属于这种生产者驱动型价值链。一直以来，发达国家的跨国公司多是这类价值链的控制者。近些年我国也发展出一些具有这方面实力的企业，诸如华为、大疆等。2019年，华为作为5G专利企业，占据了世界5G无线接入设备的28%；大疆依靠对核心技术的掌握，占据全球70%左右的消费级无人机份额。但是，这类企业在国内还是凤毛麟角。中国现在进入《财富》世界500强的企业数量已经超越美国，位居第一。但这些超大型企业还都不强，缺少核心技术和核心竞争力。显然，这类企业应该选择生产者驱动路径，加大研发投入，培育核心技术，提高对全球价值链的治理能力。

二是购买者驱动路径。这适应于购买者驱动型全球价值链。所谓购买者驱动型全球价值链，是指企业拥有掌握较大国际市场份额的优势，从而主导价值链的治理。这类企业一般是国际品牌零售商和国际品牌生产商，通过全球采购或者委托原始设备制造商（OEM）制造、贴牌生产（ODM）等方式组织国际商品流通。采用购买者驱动路径的中国企业要充分利用中国超大规模的市场优势，进一步实施国际品牌战略，努力扩大世界市场份额。例如在智能手机领域，依靠中国市场成长起来的华为、小米、OPPO、vivo等手机品牌也逐渐具有国际影响力，可以凭借其掌握的国际市场份额，在全球组织零部件的采购。但是因为产业基础能力短板突出，拥有全球治理能力的中国企业并不多见。

三是隐形冠军驱动路径。隐形冠军是指产品趋于集中化、专业化，且高度瞄准单一产品或服务市场的优秀中小企业。这类隐形冠军由于其聚焦战略，逐步形成在全球价值链中某个关键环节的控制力。中国应该不断培育产业基础能力，使得更多中小企业成长为隐形冠军，从而进一步提升中国产业在全球价值链中的治理能力，促进产业链现代化水平提升。实际上，"工业四基"并不一定都由大型企业掌握，很多"工业四基"都是依靠隐形冠军。这意味着，大力发展中小企业，创造更好的条件和基础培育更多隐形冠军，是中国提升产业基础能力和产业链水平的一条十分重要的途径。

对某一个企业而言，在全球价值链攀升的路径可以分为四类：一是流程或者工序升级，就是在生产工艺或者技术方法上进行创新，对生产系统进行重组，从而提高产品质量和效率。改革开放以来，已经有大量的中国企业在参与全球价值链的过程中实现了流程升级，从而逐渐成长起来。二是产品升级，就是通过引入更为先进和复杂的生产线实现产品升级，生产出具有更高附加值的新产品。中国企业通过产品升级路径，已经使得越来越多的高技术含量产品贴上"中国制造"的标签。三是价值链环节攀升或者企业功能升级，就是通过拓展和延伸全球价值链参与环节，使得企业功能从低价值链环节向高价值链环节升级，比如从生产环节向研发设计和自主营销环节拓展，这是一种典型的价值链攀升路径。比如一个原始设备制造商可以逐步发展成为贴牌生产制造企业，进而发展成为代工厂经营自有品牌（OBM）。四是价值链跃迁或者跨产业升级，这意味着企业利用积累的知识从一个行业向另一个行业转型。比如在制造业，电子产品获得的知识可以被用于航空航天领域，或者从纺织等低技术行业向纺织机械设备等高技术行业转型。这有利于企业向高精尖技术行业进军，跨产业链发展，成为全球价值链的"链主"。另外，企业首次嵌入区域性全球价值链，拓展价值链中与本国投入的后向联系，以及在产业链末端实现最终市场的高端化和多元化，都是产业链的现代化拓展路径。企业在参与全球价值链过程中不断提升自己产业链水平的具体路径可以参见表3-3。

表 3-3　企业参与全球价值链提升产业链水平的具体路径列举

序号	路径
1	通过技术积累、能力演进、突破关键零部件壁垒和限制，掌握核心技术而实现产业链水平提升
2	通过加大对生产性服务的投入与延伸，实现生产与服务的融合，从而提升附加值和产业链水平
3	通过从原始设备制造逐步向贴牌生产制造、代工厂经营自有品牌制造拓展，或者三种方式并举，实现产业链水平提升
4	通过对现有工艺进行绿色化、智能化改造实现产业链水平提升
5	通过认识和挖掘传统产业的新特点、新需求，重新定位市场，实现产业链水平提升
6	通过模仿、积累和研发创新，逐步实现对进口产品、跨国公司在华生产产品和国际市场跨国公司产品的替代，提高产业链水平
7	通过收购品牌、技术等战略性资产，实现企业升级和产业链水平提高
8	通过产业融合和模糊行业边界来创造新产品、新需求，实现企业升级和产业链水平提高
9	通过企业之间的战略合作、大企业带动小企业，实现产业集群的整体升级

资料来源：毛蕴诗：重构全球价值链——中国企业升级理论与实践 [M]. 北京：清华大学出版社，2017：46-52.

第二，完善产业创新发展整体环境，构建有利于提升产业基础能力和产业链水平的产业创新生态。

推进产业基础高级化和产业链水平现代化，是要摆脱我国长期以来高速工业化的增长模式，需要一个"再造工程"。这就要求从整体上彻底改变产业发展环境，打造一个有利于产业创新发展、有利于提升产业基础能力和产业链水平的产业生态系统。尤其是对制造业而言，近些年我国经济呈现"脱实向虚"的趋势，制造业发展环境亟待改善。2018 年 7 月，美国布鲁金斯学会发布的《全球制造业积分卡：美国与 18 国比较研究》，对全球制造业的政策环境做出了评估。通过比较分析了世界19个主要国家的20个与制造业相关的指标，结果显示，美国凭借"优秀的劳动力、先进技术和有利的商业政策"以77分的高分在制造环境排名中位居第三，中国作为头号制造业大国，在此项排名中仅居第13位，得分为61分（见图2）。

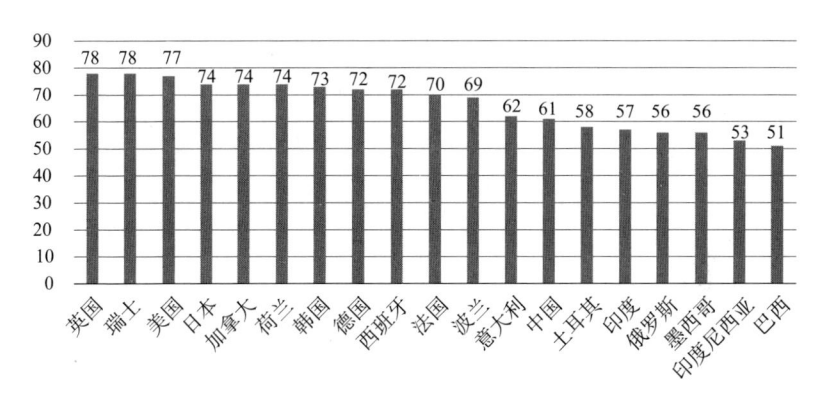

图2 2018年制造业综合环境的国家排名

资料来源：美国布鲁金斯学会，《全球制造业积分卡：美国与18国比较研究》，2018年7月。

完善产业创新发展环境，不仅仅是需要研发资金和人才投入等要素数量的增加，更需要产业创新要素之间、产业创新要素与系统、系统与环境之间动态关系的优化，即整个产业生态系统的改善，这是一个长期而艰巨的任务。围绕产业基础能力再造，应该着重在以下几个方面不断完善产业创新生态。

一是高度重视基础研究、共性技术、前瞻技术和战略性技术的研究。产业基础瓶颈的突破，归根结底还是技术创新能力的提升。这需要进一步深化科研体制改革，加大对基础研究的投入，构建开放、协同、高效的共性技术研发平台，健全以需求为导向、以企业为主体的产学研一体化创新机制，抓紧布局国家实验室，重组国家重点实验室体系。

二是努力完善试验验证、计量、标准、检验检测、认证、信息服务等基础服务体系。与国外发达工业国相比，我国产业基础服务体系的水平还存在明显差距，一定程度上存在着管理软、体系乱、水平低的问题。未来要从国家战略高度重视产业基础服务体系尤其是国家质量基础设施的完善，积极推进标准、计量、认证认可和检验检测工作；不断完善政府质量监督管理体系，创新政府质量治理体制，围绕产业升级的需要，加快制定和实施与国际先进水平接轨的产业质量、安全、卫生和环保节能标准，发挥标准引领作用，提升在国际领域的标准话语权；进一步提高我国校准测量能力，强化我国认证在国际上的影响力和对贸易规则的主导能力，改善我国检验检测国际竞争力。

三是构建产业创新网络，提高创新生态系统的开放协同性，构建全社会范围协同攻关的体制机制。受体制机制约束，我国各类创新组织之间，包括政府、企业、高等院校、科研机构以及中介机构和社区组织，在创新信息分享、科技人才使用和创新资本流动等方面的开放协同性都远远不够。我们应强化政府、企业、科研院所、高校等各方面创新主体的充分互动，促进信息、人才和资金在各类组织之间的有效流动，形成开放合作的创新网络和形式多样的创新共同体；持续协同推进产业链上下游企业的技术合作攻关，锲而不舍地协同推动企业的技术创新、管理创新和制度创新；不断协同培育持续创新、不畏风险的企业家精神，弘扬精益求精、专心致志的匠人精神；协同推进社会文化环境改善与经济激励机制完善，切实解决"脱实向虚"导致的"虚实失衡"结构问题；改革完善职业培训体系、职业社会保障机制、薪酬和奖励制度，形成有利于培育现代产业工人匠人精神的激励体系。

四是通过完善环境，不断改善中小企业创新的生态位，有效发挥中小企业在提升工业基础能力和产业链水平方面的作用。发达国家的经验表明，中小企业在构建创新生态系统中具有重要地位，它们不仅是科研成果转化的主力，而且众多颠覆性技术创新都是中小企业实现的。在信息化成为制造业技术创新的主导趋势下，中小企业的创新作用更为突出。但我国的中小企业创新生态位的位势比较低，无论是创新资金的获取，还是科技成果的来源，抑或是政府的产业政策倾斜，相比大型企业都处于劣势，中小企业在技术创新中的作用还没有得到有效的发挥。因此，要不断完善深化行政体制和科研体制改革，完善制度环境，进而充分发挥中小企业在产业基础能力和产业链水平提升中的作用。

五是充分发挥和不断完善我国新型举国体制，对投入巨大、技术难度高、单一市场主体难以攻克的重大战略性基础技术难题进行协同攻关。集中力量办大事是中国的制度优势和政治优势，在新形势下被称为新型举国体制优势，也是产业链现代化新型举国体制优势。要加强统一管理和促进部门合作，重视打造核心平台和发挥行政垂直管理体系的协调作用。要明确主要权利人和责任人的职责，导入成熟的项目管理流程，进一步提高重大项目的组织实施效率。

第四，深入实施产业基础再造工程，"十四五"时期应该围绕提升产业基础能力进行一系列有效政策安排。

"十四五"时期正处于中国全面建设社会主义现代化强国的开局起步期、世界百年未有之大变局的深度变革期，以及新一轮科技与产业革命的加速拓展期。站在"两个大局"的角度思考，"十四五"时期需要在产业基础能力上寻求突破。

一是深入实施产业基础再造工程。这要求做好顶层设计，明确工程重点，分类组织实施，增强自主创新能力。中国已经初步构建了工业基础能力强化的制度体系，发布了《中国制造2025》《工业强基工程实施指南》《工业"四基"发展目录》等文件，为建设工业基础体系提供了政策指引。但顶层设计仍需进一步加强和完善，仍需形成清晰准确、完整配套、可持续推进的机制，特别是针对工业基础体系建设路径的指导文件、强化方案的实施意见等。在政府层面，要综合政府的引导作用和市场的主导作用，兼顾产业基础体系的当前急需和长远发展，要加大财政支持，落实税收政策，加强知识产权保护，创造公平竞争环境，激励产业创新。在产业层面，要依托多种研发机构重点突破关键共性技术，加快构建重点工业产业的共性技术研发创新体系，成立产业层面的创新中心，集中力量，联合攻关，以突破关键共性技术为着力点，实现产业层面的工业基础提升。在企业层面，明确市场主体的创新角色分工，推动基础研究成果加速向市场收益转化，深化国有企业和科研体制机制改革，推动国有企业和科研院所攻坚克难，激励中小企业在颠覆性创新方面发挥更大作用。

二是建立产业基础能力评估制度。首先，建立产业基础能力评估体系；其次，基于该体系对产业链、供应链和关键技术进行全面调查评估，每年进行两次，准确把握和评估我国产业链、供应链和关键技术的现状，分析创新链、供应链、产业链和价值链分布。这不仅对于产业基础再造具有重要意义，同时也有利于在中美贸易摩擦中掌握主动，积极应对美国对我国产业链、供应链和技术创新的"卡脖子"行为。

三是借鉴日本"母工厂"制度，建设工业基础能力再造的核心工厂。所谓"母工厂"是指在本国建立的在制造体系中发挥开发试制、技术支持和维护本国技术先进地位的企业载体和现代工厂，具有在生产制造层面不断优化技术、改进工艺的功能，可以认为是一个掌握关键核心技术和工艺集成并能不断自我优化的现代核心工厂。一国境外的工厂一般是本国"母工厂"技术和管理的应用复制。借鉴这种制度，中国企业应该在中国境内建造覆盖各个产业链和产业关键环节的"母工厂"，使之成为提高工业基础能力的核心工厂。这种核心工厂，一方面有利于在生产制造层面围绕"工业四基"集成要素，优化流程，培育人才，从而在专业集成、久久为功的过程中提高中国的工业基础能力；另一方面，在中国企业"走出去"和"雁阵"转移的大背景下，可以降低制造业空心化对产业安全的负面影响。即使发生产业转移，但由于产业的核心技术和基础能力仍保留在核心工厂，本国产业安全就不会受到重大影响。

四是加强对共性技术基础研发体系的建设。由于共性技术研发周期较长且应用前景不明，加之越是远离应用阶段的新兴共性技术，越需要跨领域的科学技术知识，因此共性技术研发往往需要企业、科研机构、产业协会、政府部门等多种主体的协同合作。这不仅有助于分担研发风险，降低单个主体需要承担的研发成本，而且有助于吸引风险投资和可能的应用主体，提高未来共性技术应用的多样性，实现范围经济。具体而言，可以考虑根据不同共性技术的特点采取差异化的组织形式。对研发风险高、对国民经济发展影响重大的关键共性技术，不少国家采用专项计划的方式，以财政资金为主支持研发；对于研发周期较长、需要持续研发投入的基础共性技术（如测量、测试技术），可以考虑设立国家工业基础研究院、国家工业技术研究院等公共科研院所，由政府承担多数日常经费和大部分研发经费，组织开展相关研究；对于比较接近市场应用阶段、企业有动力参与研发的产业共性基础技术，政府只起引导作用，促使政、产、学、研各方面组建联合研究体或产业技术联盟，共同开发。

以新基建支撑现代化产业体系建设

在一个国家和地区现代化的进程中，基础设施发挥着至关重要的作用，完善的现代基础设施，既是实现现代化的基本动力，也是现代化实现的重要标志。在人类社会进入信息化时代后，如同铁路、公路、机场、码头、水利、能源、城市公共服务等各类基础设施对经济发展和人类现代化生活至关重要一样，数据中心、人工智能、物联网、清洁能源网络、智慧城市等新一代信息基础设施对于经济发展和信息时代人类现代化生活的实现具有决定性意义。党的十九大以来，中国经济已经由高速增长阶段转向高质量发展阶段，加快新型基础设施建设对中国经济高质量发展发挥着重要作用。

新型基础设施的"新型"内涵

当前资本市场上的流行观点认为,新型基础设施主要包括七大领域:5G基建、特高压(电力物联网)、高铁(轨道交通)、充电桩(新能源汽车)、数据中心(云计算)、人工智能、工业互联网。在此之前,一些技术研究机构将新型基础设施定义为融感知、传输、存储、计算、处理为一体的新一代智能化信息基础设施。实际上,这些界定虽然比较具体,但内涵过于狭窄,无法真正诠释新型基础设施的"新型"的全部内涵。"新型"应是和"传统"相对应的,新型基础设施应该对应的是传统基础设施,而传统基础设施一般就是我们所理解的铁路、公路、机场、港口、电网、水利设施、城市设施等传统工业化的基础设施,基本上是上一轮工业革命的机械技术、电气技术、通信技术等应用的结果。新型基础设施则是新型工业化的基础设施,所谓新型工业化则是在传统工业化基础上叠加了信息化、数字化、网络化、智能化、绿色化等要求,是新一轮科技和工业革命的信息技术、智能技术、新能源技术等产生和应用的结果。新型基础设施既包括新一代智能化信息基础设施和新能源基础设施,也包括传统基础设施信息化、智能化、绿色化改造后的设施。因此,新型基础设施应该是新型工业化的基础设施,不仅包括新一代智能信息基础设施,而且包括与绿色化相关的各类基础设施;不仅包括上述七大领域,还包括支撑新一轮科技和产业革命的各种基础设施。

伴随着工业化进程,城镇化进程会不断推进,这是一个现代化的普遍规律。随着新型工业化进程的深化，我国也开始不断推进新型城镇化，2014年3月，中共中央、国务院印发《国家新型城镇化规划（2014—2020年）》，明确指出紧紧围绕全面提高城镇化质量，走以人为本、四化同步、优化布局、生态文明、文化传承的中国特色新型城镇化道路。城镇发展需要大量的城市间和城市内的基础设施，城镇化需要大量基础设施建设，新型基础设施也应该与新型城镇化要求相适应。经济高质量发展要求"四化同步"发展，也就是新型工业化与信息化深度融合，而新型城镇化要与新型工业化良性互动，城镇化与农业现代化相协调。从更广泛的意义上看，新型基础设施应该是"四化同步"发展的基础设施，不仅仅要满足新型工业化与信息化深度融合的要求，还要满足城镇化与工业化良性互动、与农业现代化协调的要求。

具体而言，新型城镇化的要求可以体现为建设智慧城市、绿色城市、森林城市、海绵城市、人文城市、宜居城市等一系列类型的现代化城市的要求，还体现在城市群、大都市圈建设的要求，这些要求也是高质量城镇化战略的目标。"新基建"就是要建设符合现代化城市、城市群和都市圈要求的基础设施。要支撑高质量城镇化战略，一方面，布局全新的信息化、智能化、绿色化的城市基础设施，如新一代智能信息网络，包括F5G（第五代固定网络）、5G、联网、云计算、边缘计算、新型互联网交换中心等；另一方面，利用新一代信息技术和绿色技术与交通运输、能源水利、市政、环保、公共卫生等传统城市基础设施进行融合，对传统城市基础设施进行数字化、网络化、智能化、绿色化升级而建设形成新基础设施，例如通过信息技术与传统基础设施的深度融合，形成工业物联网、车联网、电力物联网、城市感知设施、智能化市政等。高质量城镇化战略，不仅包括单体城镇发展，还包括城市群、都市圈的发展。我国经济发展的空间结构正在发生深刻变化，中心城市和城市群正在成为承载发展要素的主要空间形式。截至2019年2月18日，国务院已经先后批复的城市群包括长江中游城市群、哈长城市群、成渝城市群、长江三角洲城市群、中原城市群、北部湾城市群、关中平原城市群、呼包鄂榆城市群、兰西城市群、粤港澳大湾区。2019年2月，国家发展改革委发布了《关于培育发展现代都市圈的指导意见》，各地纷纷出台了一批都市圈建设规划。未来城市群和都市圈的基础设施建设需求量很大，既包括城市群的城市和城市之间高速、便捷、绿色、智能的交通基础设施建设，还包括都市圈中城市和郊区、中心城市和卫星城市之间交通、信息等基础设施以及各类公共设施。总之，支撑新型城镇化战略，将是"新基建"的一个主战场。

现代化经济体系的基础设施

我国经济从高速增长转向高质量发展，相应的经济体系也需要从传统经济体系转向现代化经济体系，建设现代化经济体系是高质量发展的必然要求。现代化经济体系必然需要现代化的基础设施，信息化、智能化、绿色化都是现代化的方向和要求，因此新型基础设施应是现代化的基础设施，构成了现代化经济体系的设施基础。制约传统经济体系转向现代化经济体系的关键矛盾在于供给侧质量不高。建设现代化经济体系需要提高经济体系的供给质量，需要破除无效供给，提高有效供给，以更好地满足需求，也就是需要推进供给侧结构性改革。同样，建设现代化经济体系，需通过"新基建"进行基础设施创新，从而提高基础设施供给质量，促进数字经济、智能经济和绿色经济的发展，进而推进经济转型升级，从而实现供给侧结构性改革的目标。

但是，加快"新基建"并不必然推进供给侧结构性改革。2015年以来，供给侧结构性改革成为我国经济工作的主线。供给侧结构性改革的本质要求是深化市场化改革，完善市场经济体制，通过更加完善的市场体制机制来推进经济结构的调整，而不是用政府这只手直接干预供给结构，实现经济结构调整。也就是说，"新基建"绝不只是政府投资，通过政府投资来提高经济供给质量。虽然政府投资可能会大幅度拉动投资、扩大内需，从需求侧直接刺激经济增长，但由于没有很好地利用市场机制，仍然达不到深化供给侧结构性改革的目的。"新基建"坚持供给侧结构性改革，是要求"新基建"投资与项目更多地尊重市场规律、市场机制，而不是政府通过选择性产业政策进行大规模投资刺激。"新基建"坚持供给侧结构性改革，本质上是对通过"新基建"大规模刺激经济想法的否定。虽然基础设施一般具有公共性，需要政府的超前规划和大量投资，但是要想获得长期经济效率，基础设施建设必须坚持优先和充分利用市场机制的原则。尤其是新型基础设施与传统基础设施具有很大区别。一方面，市场前景不确定性较大，选择性产业政策的适用性不高；另一方面，近些年在市场机制推动下，这个领域已经有了很好的发展成就。因此，"新基建"需要政府引导，但政府切勿过度直接介入。尤其是在受到疫情冲击、宏观经济目标实现压力增大的背景下，更需要对此保持高度清醒。

具体而言，"新基建"支撑现代化产业体系建设至少体现在支撑工业基础高级化和促进制造业智能化服务化两个方面。

有力支撑中国工业基础高级化水平的提升

经过70多年的发展，中国拥有最完整、规模最大的工业供应体系，成为全世界唯一涵盖联合国标准产业分类中全部工业门类的国家。而且中国已经是制造业第一大国，中国制造业增加值的规模全球第一。但是，中国工业基础高级化水平还比较低，在核心基础零部件（元器件、软件、数据库等）、先进基础工艺、关键基础材料和产业技术基础等方面生产研发条件和实力比较薄弱，中国在全球价值链中的分工地位、治理能力与控制力还亟待提高。提高我国工业基础能力、实现工业基础高级化也就成为我国产业发展的关键任务。

造成中国工业基础能力比较薄弱的原因是多方面的，既有我国工业化积累不够、现代工业发展时间还不充足的原因，也是改革开放以来我国低成本出口导向工业化战略的必然结果，同时也受制于我国教育科研体制和创新政策的不完善。但是，我国新型基础设施还相对不足或者没有很好地发挥支撑作用，也是一个重要的原因。一方面，重大科技基础设施、科教基础设施、产业技术创新基础设施等支撑研发的创新基础设施总体还比较落后，需要加大建设力度。根据德勤公司发布的《2016年全球制造业竞争力指数》，中国制造业总体竞争力在不断攀升，但其驱动因素主要还是成本驱动，在创新政策和基础设施方面，美国、德国和日本的得分分别是98.7、93.9和87.8，而中国仅为47.1。另一方面，无论是具体到什么行业或者领域，当今信息时代计算能力和信息技术等都是支撑其技术创新的关键，人工智能、云计算、区块链、数据中心、智能计算中心等新技术的基础设施和算力的基础设施对"工业四基"的自主创新研发具有重要的支撑作用，加快这些基础设施建设对于工业基础能力高级化水平的提升无疑具有重要促进作用。另外，中国工业基础能力的提升，尤其是行业共性基础技术的突破需要协同创新，无论是从创新链看，还是从产业链看，我国都需要增加创新的协同性。而随着新型基础设施建设力度的加大，工业互联网等基础设施的不断完善，将更好地支撑我国创新平台的发展，进一步提高我国协同创新能力，促进工业基础高级化水平的提升。当然，还应认识到，我国工业基础能力的薄弱，在很大程度上制约着新型基础设施建设，例如芯片、工业软件等过度依赖国外，也使得我国通信网络基础设施自主水平不高，应用广度和深度受到限制。因此，加大力度推进新型基础设施建设，本身也对工业基础高级化提出了牵引需求。

有力促进中国制造业智能化服务化水平的提高

制造业转型升级的主要方向是通过推进制造业与信息技术的深度融合实现制造业的智能化和服务化，或者说是大力发展智能制造和服务型制造。从根本上说，如果没有信息基础设施、融合基础设施、创新基础设施这些新型基础设施的不断完善和发展，促进制造业智能化和服务化转型，大力发展智能制造或者服务型制造就是空中楼阁。积极推进"新基建"对于制造业智能化服务化水平的提高具有决定性作用。

智能制造可以理解为依靠数据和软件等核心要素投入，以工业互联网为支撑，实现从设计制造、使用维修、回收利用全生命周期的高效化、绿色化、社会化、个性化制造过程，包括智能产品、智能生产、智能服务和智能回收等内容。智能制造的发展可以进一步支持和带动智慧农业、智慧城市、智能交通、智能电网、智能物流和智能家居等各个领域的智能化发展，满足生产者和消费者的智能化、个性化需求。无论是德国工业4.0，还是美国提出的先进制造业国家战略计划，都把智能制造作为主攻方向。智能制造也是中国建设制造业强国的关键。从发展趋势看，未来的制造业强国一定是一个智能制造强国。而智能制造最为关键的基础就是工业互联网。如何基于工业互联网平台打造一个制造业发展生态系统，已经成为各国和行业组织促进制造业转型升级、制造企业巨头培育核心竞争优势的关键举措。例如，德国自2013年提出实施工业4.0战略以来，不断推出各类基于工业互联网促进智能制造的国家战略；美国2014年成立工业互联网联盟，到2018年5月已经有40个国家的约300家成员单位，成为推动工业互联网最有影响力的行业组织；美国通用电气公司打造工业互联网平台Predix，形成航空发动机、石化、能源、大型医疗设备等高端设备的全生命周期管理生产服务体系，推出了160多种工业App（应用程序）。我国自2015年提出制造业强国战略以来，也一直推进工业互联网建设。2019年11月，工业和信息化部发布《"5G+工业互联网"512工程推进方案》，明确到2022年，突破一批面向工业互联网特定需求的5G关键技术，"5G+工业互联网"的产业支撑能力显著提升；打造5个产业公共服务平台，覆盖10个重点行业，形成至少20个典型工业应用场景，促进制造业数字化、网络化、智能化升级，推动经济高质量发展。

同样，服务型制造发展也依赖工业互联网等新型基础设施的发展和完善。服务型制造是制造业与服务业深度融合的新产业形态，是制造业企业将制造与服务融合发展的新型制造模式。服务型制造具体包括工业设计服务、定制化服务、供应链管理、共享或者协同制造、全生命周期管理、总集成总承包或者系统解决方案提供服务、信息增值或者智能服务、生产性金融服务、节能环保服务等新业务模式和新产业形态。服务型制造的新模式新业态，本质上都是深入应用数字化、智能化技术赋能制造业企业的结果，是通过打造工业互联网服务平台实现制造全要素、全过程服务增值的过程。无论是工艺设计服务，还是个性化定制生产，无论是共享或者协同制造，还是信息增值或智能服务，都需要工业互联网将生产制造全生命周期中的具体环节和要素映射到网络虚拟空间并实现互联互通，从而实现制造服务化延伸和价值增值。工业互联网发展可以支撑企业不断地创新服务型制造模式，使得企业在减少人工接触式服务的前提下改善制造业企业要素资源的利用效率，扩大服务交易范围和内容，增加满足客户需要的针对性和系统性，提高制造服务全过程的协同性。例如，所谓共享或者协同制造，就是基于产业互联网实施协同制造的制造业企业，通过开放设计制造数据、技术研发组件、机器设备、专业人才、仓储物流、数据分析能力、后端服务等生产制造各环节的各类要素及服务资源，以要素资源输出、行业共性技术共享、闲置资源出租、技术资源交易和专业知识软件化等要素共享服务方式，弹性、动态、准确地配给其他需求企业，形成协同制造网络。协同制造尤其对于中小企业的发展具有重要意义，中小企业通过融入大企业平台的资源网络，能够极大改善自身创新环境，有效激发创新活力。

第四章
高质量发展与中国式现代化

高质量发展是新时代的硬道理，是全面建设社会主义现代化国家的首要任务。发展新质生产力是推动高质量发展、实现中国式现代化的内在要求和重要着力点。坚持以推动高质量发展为主题，加快建设现代化经济体系，加快构建以国内大循环为主体、国内国际双循环相互促进的新发展格局，为2035年基本实现现代化奠定坚实物质技术基础。

推进"新四化"同步实现，建成现代化经济体系

党的十八大报告提出：坚持走中国特色新型工业化、信息化、城镇化、农业现代化道路，推动信息化和工业化深度融合、工业化和城镇化良性互动、城镇化和农业现代化相互协调，促进工业化、信息化、城镇化、农业现代化同步发展。党的十九大报告进一步强调推动新型工业化、信息化、城镇化、农业现代化同步发展。党的二十大报告提出，到2035年我国基本实现现代化之际，我国基本实现新型工业化、信息化、城镇化、农业现代化，建成现代化经济体系，这就明确了"新四化"基本实现的时间目标和建成现代化经济体系的时间点。

基本实现社会主义现代化的必然要求

一个国家的经济现代化过程是工业化与城镇化互动发展的过程。工业化为城镇化提供了经济基础和成长动力，而城镇化为工业化提供了要素集聚和广阔的需求市场。从发展经济学看，工业化实质是国民经济中一系列重要的生产要素组合方式连续发生由低级到高级的突破性变化，进而推动人均收入提高和经济结构转变的经济增长过程。伴随工业化过程，人口、资本等生产要素逐步从农村向城镇集聚，城镇规模逐步扩张，城镇化进程也在不断加快，而城镇化进程也进一步促进了经济结构转变和人均收入的增加。当今世界正处在以信息技术突破性发展驱动新一轮科技革命和产业变革的信息化时代，信息化已经成为现代化的核心特征，信息化与工业化深度融合并持续改变着城镇化内涵。而工业化和城镇化的互动发展，带动了农业现代化，农业产业效率的提升也促进农业人口向城镇集聚。因此，信息化和工业化深度融合，工业化和城镇化良性互动，城镇化和农业现代化相互协调，是当今时代现代化进程的内在要求和基本规律。也就是说，一个国家的现代化进程，必然要求工业化、信息化、城镇化和农业现代化的同步推进。

基于对这个要求和规律的认识，党的十八大报告提出推进新型工业化、信息化、城镇化和农业现代化同步发展。党的十九大报告在做出从高速增长转向高质量发展的重大判断的基础上，进一步强调"新四化"同步发展。"新四化"同步发展和实现无疑也是经济高质量发展的要求。新型工业化是相对传统工业化道路而言的，是以信息化带动工业化、以工业化促进信息化、科技含量高、经济效益好、资源消耗低、环境污染少、人力资源优势得到充分发挥的经济现代化战略。强调新型工业化、信息化、城镇化和农业现代化的"新四化"同步发展，充分体现了新发展理念的要求。一方面，将科技创新作为现代化的第一驱动力，准确把握了当今世界现代化进程的信息化、绿色化的人类社会创新发展的方向；另一方面，认识到中国现代化进程中发展的不平衡不充分问题，更好地展现了生产要素之间、产业与产业之间、产业与区域之间、城镇与乡村之间、人与环境之间的内在协调发展性。因此，积极推进新型工业化战略，实现信息化和工业化深度融合、工业化和城镇化良性互动、城镇化和农业现代化相互协调，正是建设现代化经济体系、实现高质量发展的基本要求。

按照党的十九大和十九届五中全会的战略部署，"十四五"时期要开启全面建设社会主义现代化新征程，而社会主义现代化从内涵上看一定是新型工业化、信息化、城镇化、农业现代化同步发展和实现的现代化。同时，社会主义现代化国家的经济体系一定是一个现代化经济体系。现代化经济体系包括创新引领、发展协同的现代产业体系，也包括彰显优势、协调联动的城乡区域发展体系。形成这样的产业体系和区域体系，正是推进新型工业化和城镇化的要求和结果。因此，党的十九大报告专门提出推进"新四化"同步，也提出建设现代化经济体系是我国发展的战略目标。推进"新四化"同步发展、建设现代化经济体系就成为我国全面建设社会主义现代化的重大战略任务。以此为基础，党的十九届五中全会进一步提出，到2035年中国将基本实现"新四化"、建成现代化经济体系。

着力解决发展不平衡不充分的问题

新中国成立以来，中国共产党领导中国人民积极探索自己的工业化道路，先后提出了工业化、"四个现代化"、新型工业化、"新四化"同步发展等相联系又有区别的发展战略。尤其是改革开放以来，在中国特色社会主义理论指导下，中国推动了快速的工业化进程，创造了人类工业化史上的奇迹，利用40多年的时间使中国这个十几亿人口大国从工业化初期步入工业化后期，在一个积贫积弱的大国逐步建成小康社会。步入中国特色社会主义建设新时代，中国经济发展更加注重质量提升，信息化水平大幅提升，城镇化质量明显提高，农业现代化和社会主义新农村建设成效显著。但是，以"后发赶超"为战略导向的中国现代化进程是一个高速工业化和城镇化的进程，"高速"之下还存在诸多发展不平衡不充分的问题，中国发展质量还有待提高，从"新四化"同步发展和实现的要求看，这至少表现在以下几个方面。

一是工业化发展存在不平衡，工业化与信息化融合发展还不充分。从工业化动力看，存在内外不平衡的问题。长期以来，低成本、出口导向的高速工业战略，造成对外部过度依赖、内需亟待开拓的内外动力失衡现象，经济安全风险加大、核心技术缺失、产业结构升级压力巨大等问题比较突出，严重制约我国经济从高速增长转向高质量发展。从工业化发展的区域结构看，工业化水平总体上呈现东部、中部、西部逐步降低的梯度差距。上海、北京、江苏、广东、浙江等省市已经步入后工业化阶段，其他大部分东部省份处于工业化后期，而相当部分中西部省份基本还处于工业化中期。从工业化发展的产业结构看，钢铁、石化、建材等行业的低水平产能过剩问题突出，高端产业和价值链的高端环节发展不够，关键装备、核心零部件和基础原材料等严重依赖进口和外资企业，高品质、个性化、高复杂性、高附加值的产品供给不足。从工业化发展的资源环境看，工业化速度与资源环境承载力不平衡，资源环境难以承受如此快速的大国工业化进程。从工业化与信息化的关系看，工业化与信息化还需要进一步融合，互联网、大数据、人工智能和实体经济融合深度需要加强，制造业信息化、智能化水平都有待提升；中国工业软件水平严重落后、工业软件主要依靠国外供给的局面亟待改变。

二是以人为核心的城镇化质量水平有待提升，城镇化与工业化良性互动发展还不充分。改革开放以来，尤其是党的十八大以来，中国城镇化进程显著加快，截至2023年底，我国常住人口城镇化率为66.2%，但我国户籍人口城镇化率与常住人口城镇化率还有较大差距，还有许多常住人口没有同等享受到户籍人口的公共权利。要使以人为核心的城镇化质量水平得到提升，一方面，要提高农业转移人口的市民化水平，使农业转移人口享受到平等的市民权利；另一方面，要协调推进大、中、小城市网络建设，增强城镇的产业发展、公共服务、吸纳就业、人口集聚功能。这需要城镇化和工业化的良性互动发展。在现实中，我国城镇化与工业化良性互动不充分主要表现为产业和城市发展之间存在着"时间上不同步"和"空间上无互动"的双重错位：一方面，城镇公共服务供给滞后以及高房价问题影响了产业转型升级的正常步伐；另一方面，产业集聚效果不明显制约了城镇承载功能的完善。工业化和城镇化不能良性互动就会造成产业因缺乏城市而孤岛化、城市因缺乏产业而空心化。未来努力方向是形成以产兴城、以城促产、产城融合、城乡协调的城镇化与工业化良性互动模式，实现产业要素成长和区域空间配置的科学协调。

三是农业现代化成为制约我国现代化进程的短板，农业现代化与工业化、城镇化的协调发展还不充分。当前，农业现代化仍然是我国"新四化"同步发展中的一个短板，无论是农业的机械化、科学化、水利化和电气化水平，还是农业的产业化水平，以及农业的绿色化、信息化水平都亟待提升，与中国总体工业化水平已经发展到后期阶段是不协调的。农业供给结构性失衡、农业发展方式粗放、农业面源污染和农产品质量安全风险等问题，都需要通过提高农业现代化水平来解决。党的十九届五中全会提出"十四五"时期"全面实施乡村振兴战略，强化以工补农、以城带乡，推动形成工农互促、城乡互补、协调发展、共同繁荣的新型工农城乡关系，加快农业农村现代化"，这至关重要。农业现代化水平提升，既需要以工业化发展提供的现代化技术为条件，也需要以城镇化促进农业剩余劳动力转移为依托，而农业现代化水平通过释放农业劳动力又进一步促进了工业化和城镇化的发展。未来需要进一步推进农业现代化与工业化、城镇化的协调发展，推进三次产业融合和城乡一体化进程，培育农业农村发展新动能，走出一条产出高效、产品安全、资源节约、环境友好的中国特色农业现代化道路。

以新发展理念为指导积极推进"新四化"同步发展

创新发展、协调发展、绿色发展、开放发展和共享发展是新时代中国发展和实现全面现代化的核心理念，"新四化"同步发展和实现作为中国现代化的重要战略，必然要以这五大新发展理念为指导，这也是高质量发展的必然要求。具体而言，面对上述发展不平衡不充分的突出问题，以新发展理念为指导推进"新四化"同步发展和实现需把握三个方面的政策着力点。

一是坚持把创新作为发展第一动力，以科技创新推动"新四化"同步发展，建设创新驱动的现代化经济体系。中国实现现代化要抓住科技创新这个"牛鼻子"，无论是新型工业化、信息化，还是城镇化和农业现代化，都是以科技创新为根本驱动力的。当今时代的科技创新，必须牢牢把握信息化这个大的发展方向。自1771年第一次科技革命以来，人类社会大体经历了早期机械时代、蒸汽机与铁路时代、电力和钢铁时代、石油和汽车时代、信息与通信时代五次科技和产业革命。①20世纪下半叶以来，随着计算机芯片处理技术、数据存储技术、网络通信技术和分析计算技术获得巨大突破，以计算机、互联网、移动通信和大数据为主要标志的信息技术、信息产品和信息获取处理方法得到指数级增长②，信息技术逐步与制造技术深度融合，推动了智能化、数字化、网络化制造技术的创新和扩散，形成了新产业革命的复杂的技术系统。"十四五"时期是新一轮科技和产业革命加速拓展期，这为我国实现现代化提供了"弯道超车"的机会。我国"新四化"已经具备了相当的基础，又迎来新一轮科技和产业革命的机遇，我国比历史上任何时期都更接近实现中华民族伟大复兴的现代化目标。因此，我国必须通过创新抓住这个千载难逢的历史机遇。

二是把握融合创新发展大趋势，以融合创新促进"新四化"同步推进，建设各个要素协调发展的现代化经济体系。要求"新四化"同步发展和实现，体现了对现代化进程的系统性特征的认识和把握。一个国家现代化的实现，是各类要素、各个产业、产业和区域有机协调运行的结果，坚持协调发展理念，是实现现代化的必然要求。当今世界产业发展呈现出融合创新发展的大趋势，这既表现在三次产业之间的融合发展上，也表现在科学与技术、

---

① 卡萝塔·佩蕾丝.技术革命与金融资本[M].北京：中国人民大学出版社，2007.
② 黄群慧，贺俊.未来30年中国工业化进程与产业变革的重大趋势[J].学习与探索，2019，289（08）.

技术与产业的融合创新发展上。制造业信息化、制造业服务化等产业融合趋势方兴未艾，三次产业与互联网深度融合成为效率的核心源泉和技术创新的重要方向。在融合创新中，新产业、新业态、新模式层出不穷，进一步壮大了经济发展新动能。这种融合本身就体现出了现代化经济体系中各要素、各产业、各区域的协调发展。因此，把握和推进这种融合创新发展趋势，是"新四化"同步协调发展的重要手段。融合创新发展要求重视通用和共性技术的创新，重视通用和复合型人才的培养。当前制约我国融合创新发展的主要因素是竞争前技术的共性技术供给不足、复合型人才缺乏，在这方面尚需加大投入。

三是坚持和完善社会主义基本经济制度，打通国内经济循环的体制机制"堵点"，为"新四化"同步实现和建设现代化经济体系创造良好的制度环境。这要求充分发挥市场在资源配置中的决定性作用，更好发挥政府作用，推动有效市场和有为政府更好结合。要激发各类市场活力，毫不动摇地巩固和发展公有制经济，毫不动摇地鼓励、支持、引导非公有制经济发展；要建设高标准市场体系，健全市场体系基础制度，坚持平等准入、公正监管、开放有序、诚信守法，形成高效规范、公平竞争的国内统一市场；要完善宏观经济治理，健全以国家发展规划为战略导向，以现代财税金融体制为支撑，以财政政策和货币政策为主要手段，就业、产业、投资、消费、环保、区域等政策紧密配合，目标优化、分工合理、高效协同的宏观经济治理体系；要加快转变政府职能，持续优化市场化、法治化、国际化营商环境。

对一个国家而言，没有高度的市场化水平和成熟的市场经济体制，也就没有真正意义上的经济现代化。因此，要实现"新四化"同步发展，建设现代化经济体系，需进一步加快完善社会主义市场经济体制，尤其是以完善产权制度和要素市场化配置为重点完善市场经济体制。

以高质量发展推进中国式现代化

　　党的二十大报告指出，从现在起，中国共产党的中心任务就是团结带领全国各族人民全面建成社会主义现代化强国、实现第二个百年奋斗目标，以中国式现代化全面推进中华民族伟大复兴。高质量发展是全面建设社会主义现代化国家的首要任务，实现高质量发展是中国式现代化的本质要求之一。这就要求我们党在现代化建设中，要牢牢把握高质量发展这个本质要求，完整、准确、全面贯彻新发展理念，加快构建新发展格局，建设现代化经济体系，坚持以高质量发展推进和拓展中国式现代化。

立足新发展阶段，在高质量发展中走好现代化建设新征程

党的十九届五中全会提出，全面建成小康社会、实现第一个百年奋斗目标之后，要乘势而上开启全面建设社会主义现代化国家新征程、向第二个百年奋斗目标进军，这标志着我国进入了一个新发展阶段。新发展阶段是社会主义初级阶段中的一个阶段，是经过几十年积累而迈上的一个新起点，也是我们党带领人民从站起来、富起来到强起来的新阶段。

进入新发展阶段，我国经济实力、科技实力、综合国力和人民生活水平都跃上了新的台阶，人均国内生产总值超过 1.2 万美元，成为经济总量全球第二的超大规模经济体。[1] 但是，我国发展不平衡不充分的问题仍然突出。我国正处在转变发展方式的关键阶段，劳动力成本上升、资源环境约束增大、粗放的发展方式难以为继，必须推动高质量发展，才能形成优质高效多样化的供给体系，使供求在新的水平上实现均衡。我国社会主要矛盾发生了重大变化，经济发展阶段也在发生历史性变化，解决我国社会的主要矛盾，必须推动高质量发展。我们还要看到，经济发展是一个螺旋式上升的过程，上升不是线性的，量积累到一定阶段，必须转向质的提升，这就要求我们必须把发展质量问题摆在更为突出的位置，着力提升发展质量和效益。这是经济发展规律的必

---

[1] 宁吉喆.中国经济再写新篇章（经济形势理性看）[N].人民日报，2020-01-22（09）.

然要求。

进入新发展阶段，世界百年未有之大变局加速演进，错综复杂的国际环境充满不确定性和挑战，逆全球化趋势更加明显，全球贸易格局、产业链供应链布局面临巨大冲击。但是，和平和发展仍是当今时代主题，我国发展仍处于重要的战略机遇期。聚焦到高质量发展上，从一定意义上说，世界百年未有之大变局亦给我们带来了新机遇、新动力，即加快经济结构优化升级、建设现代化经济体系，提升科技创新能力、突破关键核心技术，深化经济体制改革、建设全国统一大市场，加强生态文明建设、推进可持续发展，坚持高水平对外开放、积极参与全球治理体系改革和建设。只要我们保持战略定力，集中精力办好自己的事，牢牢把握高质量发展这个主题，就可以更好地在危机中育新机、于变局中开新局。

进入新发展阶段，我们对现代化规律的认识不断深入，不断推进和拓展中国式现代化。习近平总书记指出："世界上既不存在定于一尊的现代化模式，也不存在放之四海而皆准的现代化标准。"[1]中国式现代化，是中国共产党领导的社会主义现代化，既有各国现代化的共同特征，更有基于自己国情的中国特色。改革开放新时期，邓小平同志从我国基本国情出发，提出要走出一条中国式的现代化道路。从党的十二大起，党的历次全国代表大会都

---

[1] 习近平在省部级主要领导干部"学习习近平总书记重要讲话精神，迎接党的二十大"专题研讨班上发表重要讲话[OL].[2022-07-27].https://www.gov.cn/xinwen/2022/07/27/content_5703131.htm?sign=ABZ0cnNfd2NtX3ByZXZpZXdfYWNjZXNzAAAH5gAAAAYAAAAcAAAAEAAAACgAAAAJ.

对推进社会主义现代化建设做出战略部署。党的十八大以来，以习近平同志为核心的党中央对全面建成社会主义现代化强国做出了分两步走的战略安排：从2020年到2035年基本实现社会主义现代化，从2035年到本世纪中叶把我国建成富强民主文明和谐美丽的社会主义现代化强国。我们党深刻总结历史经验，针对新时代我国社会主要矛盾发生变化的实际，提出要完整准确全面贯彻新发展理念，统筹推进"五位一体"总体布局，协调推进"四个全面"战略布局，推进高质量发展，推进新型工业化、信息化、城镇化和农业现代化同步发展，建设现代化经济体系，进一步推进和拓展了中国式现代化。推进高质量发展，既是中国式现代化道路的重要内涵，也是实现中国式现代化的发展路径。新发展阶段，要切实增强推进高质量发展的自觉性，在高质量发展中走好现代化建设新征程。

贯彻新发展理念，把握高质量发展这一中国式现代化本质要求

发展是党执政兴国的第一要务，是解决中国所有问题的关键。没有坚实的物质技术基础，就不可能全面建成社会主义现代化强国。高质量发展是全面建设社会主义现代化国家的首要任务。而要解决发展问题，必须先解决发展观或者明确发展理念。高质量发展就是体现新发展理念要求、解决发展不平衡不充分问题、满足人民日益增长的美好生活需要的发展，这意味着，发展

质量高低要用是否符合新发展理念来界定和衡量。高质量发展的表现是：发展驱动力主要来自创新，区域、产业、社会等各方面发展具有内在协调性，绿色增长、人与自然和谐是发展的普遍形态，全面开放、内外联动是发展的必由路径，发展成果由全体人民共享。

从实现中国式现代化的角度看，新发展理念从理念层面回答了现代化的动力、路径、目标等重大问题，是我国现代化建设的指导原则。创新发展理念指明了推进中国式现代化进程的重要动力是创新，现代化的动力是遵循经济发展规律、科技发展规律的创新活动，现代化要通过不断创新和提供新资源以满足不断增长的人类需要的路径来实现。协调发展理念注重解决现代化进程中平衡性、协调性、整体性问题，可以说，协调发展既是现代化的目标要求，也是现代化的发展方式和路径。协调发展理念要求同步推进"新四化"，要求推进产业协调发展、区域协调发展、城乡协调发展，要求实现物质文明和精神文明相协调。绿色发展理念从理论上回答了现代化进程中人与自然关系问题，要求现代化必须尊重自然、顺应自然、保护自然，遵循自然发展规律。开放发展理念表明，对外开放、与世界各国合作共赢是一个国家实现现代化的必由之路，在我国现代化建设中要提高内外联动性，进一步主动参与、推动、引领经济全球化。共享发展理念回答了现代化的根本目的问题，要求促进现代化进程中的社会公平正义，实现共同富裕，让发展成果更多地惠及全体人民，实现发展为了人民、发展依靠人民、发展成果由人民共享。综合来看，我国现代化是人口规模巨大的现代化，是全体人民共同富裕的现代化，是物质文明和精神文明相协调的现代化，是人与自然和谐共生的现代化，是走和平发展道路的现代化。贯彻新发展理念，是实现高质量发展的必然要求，而实现高质量发展又是中国式现代化的一个本质要求。以高质量发展推进中国式现代化，一定要完整、准确、全面贯彻新发展理念。

构建新发展格局，以高质量国民经济循环推进中国式现代化

党的二十大报告提出，建成现代化经济体系，形成新发展格局，基本实现新型工业化、信息化、城镇化、农业现代化。这是到2035年我国发展的总体目标之一。加快构建新发展格局，是以习近平同志为核心的党中央统筹中华民族伟大复兴战略全局和世界百年未有之大变局，审时度势做出的既立足当前又着眼长远的重大战略部署，对于坚持以高质量发展推进中国式现代化具有重大意义。

构建新发展格局的关键在于经济循环的畅通无阻，最本质的特征是实现高水平的自立自强。经济活动的本质是一个基于分工和价值增值的信息、资金和商品（含服务）在居民、企业和政府等不同的主体之间流动循环的过程，这个过程可以分为生产、分配、流通、消费等各个经济循环环节。经济发展正是

通过这无数个、无数次的经济循环过程实现的。经济高质量发展需要有高质量的国民经济循环，其具备经济循环要素高端丰富、过程畅通无阻、环节协调平衡、流量稳定巨大、国内国际循环相互促进等特征。当前我国经济循环质量不高主要表现在内需体系不完善、经济循环不畅、高水平自主创新能力亟待提高等方面。因此，双循环新发展格局不仅要努力提高国内循环量的占比，还要通过高水平自主创新畅通经济循环，通过扩大国内需求做大经济循环量，通过发挥国内大循环主导作用促进国内国际双循环畅通。加快构建新发展格局的关键要求是提高国民经济循环的"质"，而高质量国民经济循环表现为以高水平自主创新为主、以扩大内需为主、以发挥国内大循环作用为主的经济循环。因此，通过加快构建新发展格局，可以提高国民经济循环质量，更好地推进高质量发展，进而推进中国式现代化进程。

构建新发展格局是我国经济现代化的路径选择。在新发展阶段，过去基于劳动力等要素低成本的比较优势的现代化赶超战略已经不适应发展形势，加上关键核心技术领域存在瓶颈等，极大制约了国内国际经济循环质量，需要通过扩大内需、加快突破关键核心技术提升经济循环质量，从而形成基于新的比较优势的经济现代化战略路径。我国具有超大规模市场优势，需要利用好大国经济纵深广阔的比较优势，充分发挥规模经济和集聚经济作用，尤其是用好市场这个当今世界最稀缺的资源，不断提高自主创新能力，实现高水平自立自强，将比较优势转为竞争优势，向创新驱动的质量提升型经济循环模式转变，推进中国式现代化进程。

建设现代化经济体系，以高质量经济体系支撑现代化建设

一个现代化国家，必须有现代化经济体系做支撑。习近平总书记指出，"现代化经济体系，是由社会经济活动各个环节、各个层面、各个领域的相互关系和内在联系构成的一个有机整体"[①]，要求产业体系、市场体系、收入分配体系、城乡区域发展体系、绿色发展体系、全面开放体系和经济体制一体建设、一体推进。建设现代化经济体系，既是实现高质量发展的必由之路，也是现代化建设的战略目标任务。只有形成现代化经济体系，才能更好顺应现代化发展潮流，赢得国际竞争主动，也才能为其他领域现代化提供有力支撑。

一是坚持把发展经济的着力点放在实体经济上，建设现代化产业体系。实体经济是一国经济的立身之本、财富之源，是我国在国际经济竞争中赢得主动的根基。党的二十大报告专门提出建设现代化产业体系的要求，明确了产业发展的重点战略和基本方向。在实体经济和现代化产业体系中，制造业具有重要地位，其价值链长、关联性强、带动力大，在很大程度上决定着现代农业、现代服务业的发展水平，对建设现代化经济

---

① 习近平在中共中央政治局第三次集体学习时强调：深刻认识建设现代化经济体系重要性，推动我国经济发展焕发新活力迈上新台阶[N].光明日报，2018-02-01（01）．

体系具有引领和支撑作用。建设现代化经济体系，首先要推进实体经济特别是制造业高质量发展，依靠创新推动实体经济供给质量提升，促进实体经济、科技创新、现代金融、人力资源协同发展，建设现代化产业体系。推进实体经济特别是制造业高质量发展，要求推进新型工业化和工业现代化进程，加快发展先进制造业和战略性新兴产业，推进产业基础高级化、产业链现代化，提高产业链供应链韧性，推进数字经济和实体经济深度融合发展，构建现代化基础设施体系，不断夯实实体经济根基。

二是构建高水平社会主义市场经济体制，高标准建设统一开放、竞争有序的市场体系。市场体系是社会主义市场经济体制的重要组成部分和有效运转基础。现代化经济体系要求市场体系容量巨大、结构合理、运行高效、统一开放、主体活跃、竞争有序。改革开放以来特别是党的十八大以来，我国市场体系建设取得长足进展，市场在资源配置中的决定性作用日益增强，市场发展环境持续改善。与此同时，一些束缚市场主体活力释放的体制机制障碍依然存在，我国市场体系建设还任重道远，必须坚持和完善社会主义基本经济制度，持续推进现代市场体系建设，不断夯实我国经济长远发展根基。在这一过程中，要进一步深化要素市场化配置改革，坚决清除妨碍各种生产要素市场化配置的体制机制障碍，依法依规引导各类资本健康发展；要进一步推进全国统一大市场建设，打造市场化、法治化、国际化一流营商环境；要进一步完善产权保护制度、市场准入制度、公平竞争制度、社会信用制度等；进一步全面对接国际高标准市场规则体系，有效利用全球要素和市场资源，使国内市场与国际市场更好联通。

三是健全完善分配制度，建设体现效率、促进公平的收入分配体系。马克思主义政治经济学认为，分配决定于生产，又反作用于生产。分配体系在经济体系中具有重要作用。从我国生产力和生产关系的实际出发，我们确立了按劳分配为主体、多种分配方式并存的分配制度，形成了我国的基本分配制度。实践证明，这一制度安排有利于调动各方面积极性，有利于实现效率和公平有机统一。由于种种原因，目前我国收入分配中还存在一些突出问题。在未来的现代化建设中，要以新发展理念为指导，围绕着实现共同富裕的目标要求，坚持按劳分配为主体、多种分配方式并存，构建初次分配、再分配、第三次分配协调配套的制度体系，积极实施就业优先战略，努力提高居民收入在国民收入分配中的比重，不断健全体制机制和具体政策，持续增加城乡居民收入，改善收入和财富分配格局，不断缩小收入差距，规范财富积累机制，使分配体系体现出收入分配合理、社会公平正义、全体人民共同富裕的要求。

四是全面推进乡村振兴和促进区域协调发展，建设彰显优势、协调联动的城乡区域发展体系。进入新发展阶段，高质量发展对城乡区域发展提出了新要求，要求建立充分发挥各区域比较优势、各区域在合理分工基础上良性互动、城乡融合的城乡区域发展体系。从城乡发展体系建设看，要全面推进乡村振兴，坚持农业农村优先发展，巩固拓展脱贫攻坚成果，加快建设农业强国；要加快推进以人为核心的新型城镇化，推进农业转移人口市民化，促进城乡融合发展。从区域发展体系建设看，总体思路是发挥各区域比较优势，进行合理分工定位，通过要素合理流动实现各区域良性互动，最终形成优势互补、高质量发展的区域经济布局。从一定意义上看，协同推进乡村振兴、区域协调发展和新型城镇化战略，形成彰显优势、协调联动的城乡区域发展体系，本质上是推动"新四化"同步发展的重要体现，是实现中国式现代化的必然要求。

五是以推进碳达峰碳中和为抓手，建设资源节约、环境友好的绿色发展体系。人与自然和谐共生是中国式现代化的重要特征，而要实现人与自然和谐共生需要绿色低碳的现代化经济体系支撑。在这一过程中，要推进美丽中国建设，加快发展方式绿色转型，提高生态系统多样性、稳定性、持续性，协同推进降碳、减污、扩绿、增长，推进生态优先、节约集约、绿色低碳发展。实现碳达峰碳中和目标是推动高质量发展、实现中国式现代化的内在要求，既要坚定不移推进，又要坚持统筹协调推进。这要求狠抓绿色低碳技术攻关，以能源革命和绿色制造为突破口，深化供给侧结构性改革，加快推进能源结构优化和产业绿色升级，全面推进绿色生产和消费转型。

六是积极推进高水平对外开放，建设多元平衡、安全高效的全面开放体系。可以说，现代化进程中的国家发展本质上是一个国家主动顺应经济全球化潮流、坚持与世界各国合作共赢从而实现国家繁荣发展的过程。推进中国式现代化必然也要求建设互利共赢、多元平衡、安全高效的开放型经济体系。在构建开放型经济体系中不断增强我国国际经济合作和竞争新优势，增强国内国际两个市场两种资源的联动效应，依托强大的国内经济循环体系和稳固的基本盘，更好形成对全球要素资源的强大吸引力、在激烈国际竞争中的强大竞争力、在全球资源配置中的强大推动力。在未来的现代化建设中，聚焦建设全面开放体系，要更加注重制度型开放，强化规则、规制、管理、标准等方面的开放，积极推进贸易强国建设；要积极参与全球经济治理体系改革，统筹发展和安全，在扩大开放的同时，健全外商投资国家安全审查、反垄断审查、国家技术安全清单管理、不可靠实体清单等制度。

七是推动有效市场和有为政府更好结合，构建市场机制有效、微观主体有活力、宏观调控有度的经济体制。我们党创造性地把社会主义与市场经济有机结合起来，探索建立了社会主义市场经济体制，既充分发挥市场经济提高资源配置效率的长处，又有效发挥社会主义制度集中力量办大事的优越性；既使市场在资源配置中起决定性作用，又更好发挥政府作用；既充分利用资本在促进生产力发展方面的积极作用，又有效防止资本野蛮生长，实现了有效市场和有为政府的更好结合，让一切劳动、知识、技术、管理、资本的活力竞相迸发，让一切创造社会财富的源泉充分涌流，极大解放和发展了社会生产力。可以说，这是推进中国式现代化的重要动力机制。在新征程上建设现代化经济体系,要构建高水平社会主义市场经济体制,加快形成供给与需求动态平衡、改革与管理高效统筹、国内循环与国际循环相互促进、市场机制与政府作用有效结合的经济运行机制,为以高质量发展推进中国式现代化提供重要支撑。

以高质量国民经济循环推进中国式现代化

按照党的二十大的擘画，在未来五年，构建新发展格局取得重大进展，到2035年基本实现社会主义现代化时，形成新发展格局。因此，提高国民经济循环质量，对于推进中国式现代化具有重要意义。

加快构建新发展格局是中国式现代化的重大战略部署

加快构建以国内大循环为主体、国内国际双循环相互促进的新发展格局，是以习近平同志为核心的党中央统筹把握中华民族伟大复兴战略全局和世界百年未有之大变局，审时度势做出的、立足当前、着眼长远的重大现代化战略部署，是事关全局的系统性、深层次变革，对于我国以高质量发展推进中国式现代化，促进世界经济繁荣，都具有重大意义。

党的二十大报告高度重视加快构建新发展格局，一方面，把主动构建新发展格局，总结概括为过去五年和过去十年的一项伟大成就；另一方面，作为全面建设社会主义现代化国家的战略安排，要求在未来五年这个全面建设社会主义现代化国家开局起步的关键时期，在构建新发展格局方面取得重大进展，要求到2035年基本实现社会主义现代化、形成新发展格局。发展是党执政兴国的第一要务，加快构建新发展格局是我国发展的核心主题和重大任务要求。在党的二十大报告中，第四部分以"加快构建新发展格局，着力推进高质量发展"为主题全面论述了进一步推进中国式现代化的经济改革与发展方面的重大任务，凸显加快构建新发展格局对于我国发展的重大意义。

以国内大循环为主体、国内国际双循环相互促进，是新发展格局的基本内涵，要科学把握新发展格局的基本内涵，需要注意以下三方面问题。

一是要从"三新一高"有机联系的角度认识新发展格局。立足新发展阶段、贯彻新发展理念、构建新发展格局和推进经济高质量发展是有机联系的，不能将四者割裂考虑。要充分认识进入新发展阶段、贯彻新发展理念、构建新发展格局，是由我国经济社会发展的理论逻辑、历史逻辑、现实逻辑决定的，是我国经济由高速增长转向高质量发展的经济发展主题要求所决定的。把握新发展阶段是贯彻新发展理念、构建新发展格局、促进高质量发展的现实依据，贯彻新发展理念为把握新发展阶段、构建新发展格局、推进高质量发展提供了行动指南，构建新发展格局则是应对新发展阶段机遇和挑战、贯彻新发展理念、推进高质量发展的战略选择，经济高质量发展则是立足新发展阶段、贯彻新发展理念、构建新发展格局的必然要求和结果。因此，关于新发展格局，必须将新发展阶段、新发展理念和新发展格局"三新"和高质量发展要求"一高"有机地、系统地放在一起，才能理解其深刻内涵。

二是要从经济循环的内外协调辩证地认识新发展格局。一方面，以国内大循环为主体，绝不是关起门来封闭运行，而是通过发挥内需潜力，使国内市场和国际市场更好联通，不能片面强调以国内大循环为主，以及主张在对外开放上进行大幅度收缩；另一方面，我国已经超越了需要主要依靠外资外贸拉动经济增长的阶段，构建新发展格局需要从成本驱动、出口导向、高速度工业化转向创新驱动、内需导向、高质量工业化，不能固守"两头在外、大进大出"的旧思路。

三是要从经济发展的全局协同的高度认识新发展格局。必须充分认识到构建新发展格局是我国新发展阶段经济发展战略和路径的重大战略调整，是国家长治久安的重大战略部署，它面向的是包括生产、流通、分配、消费等多个环节的全国统一的大循环、大市场，不能只考虑建设本地区、本部门、本区域的小市场和小循环，更不是简单搞低层次物流循环。这要求在宏观经济治理上，将扩大内需战略与深化供给侧结构性改革有机协同起来。不能认为构建新发展格局主要是扩大内需、形成国内大市场，而忽略对供给侧结构性改革的深化；也不能认为构建新发展格局只是供给侧结构性改革的进一步深化，而忽略了加强需求侧管理，对扩大内需的长期性认识不足。

提升国民经济循环质量是构建新发展格局的根本要求

习近平总书记指出，构建新发展格局的关键在于实现经济循环的畅通无阻。[①] 也就是说，与泛泛谈经济增长和经济发展不同，理解和构建新发展格局，需要以经济循环为描述维度，以根本视角和关键术语来分析经济增长和经济发展问题。描述、度量和分析经济循环过程，本身就是经济学研究的重要内容。从经济循环视角理解，一个国家年度 GDP 衡量的经济总量可以理解为这个国家一年新创造的经济循环量，每年经济增长率或者 GDP 增速也就是新创造经济循环量的增速。

经济高质量发展需要有高质量的国民经济循环。如果说，高质量发展是全面建设社会主义现代化强国、推进中国式现代化的首要任务，那么从经济循环角度而言，提高经济循环质量也必然是推进中国式现代化的重要要求。

---

① 习近平.加快构建新发展格局 把握未来发展主动权 [J/OL]. 求是, 2023（8）[2023-04-15]. http://www.qstheory.cn/dukan/qs/2023-04/15/c_1129525276.htm.

中国式现代化要求加快构建新发展格局，正是要求加快形成以国内大循环为主体、国内国际双循环相互促进为特性的高质量国民经济循环格局。当然，这种以高水平自主创新为主、以扩大内需为主、以发挥国内大循环作用为主的高质量的国民经济循环，绝不意味着通过封闭的国内经济大循环来实现经济发展和提高经济韧性，而是通过高水平对外开放，提升国际循环质量和水平，形成国内国际双循环相互促进的高质量经济循环体系，形成具有全球竞争力的开放创新生态。以国际循环质量和水平提升促进国内经济循环内生动力和可靠性，以强大的国内经济循环体系和稳固的基本盘，形成对全球要素资源的强大吸引力，在激烈的国际竞争中，在全球资源配置中，在构建互利共赢、多元平衡、安全高效的开放型经济体系中不断增强我国国际经济合作和竞争新优势，从而在经济全球化背景下实现经济安全和提高经济韧性。正如二十大报告所指出的，依托我国超大规模市场优势，以国内大循环吸引全球资源要素，增强国内国际两个市场两种资源联动效应，提升贸易投资合作质量和水平。

以高质量经济循环推进中国式现代化的战略路径

当前我国经济循环质量不高的主要表现是，内需体系不完善制约内需扩大，造成经济循环不畅问题突出；高水平自主创新能力亟待提高，造成经济循环内生动力不足问题明显。在现代化新征程中，需要通过增强国内大循环内生动力和可靠性、提升国际循环质量和水平，从而整体上提高国民经济循环质量，加快构建新发展格局，以高质量国民经济循环推进高质量发展，推进中国式现代化进程。具体而言，围绕着实现经济循环畅通无阻和提高经济循环内生动力，应该沿以下三方面战略路径来提高国民经济循环质量。

第一，自主创新驱动路径——以提升高水平自主创新能力为着力点，以加快建设创新驱动、协调发展的现代化产业体系为战略路径，提高国民经济循环质量。

在国民经济循环体系中，产业体系发挥了生产和再生产的关键作用，是驱动经济循环畅通无阻的强大动力。高质量的国民经济循环需要现代化产业体系的驱动。现代化产业体系应具备两方面特征：一是创新驱动发展的特性，体现为技术创新能力强、高技术要素和产业占比高、处于价值链的高附加值环节等方面；二是协调发展的特性，体现为产业之间和要素之间协调匹配，实体经济、科技创新、现代金融、人力资源能够实现协同发展。

从创新驱动看，我国建设现代化产业体系的主要任务是促进制造业创新能力提高，实现高质量发展。在产业体系中，最具创新能力的产业是制造业，制造业是创新能力的产业载体。改革开放以来，我国快速推进了工业化进程，积极参与全球价值链，已成为制造业第一总量大国，制造业体系完整，这在很大程度上有效支撑了我国经济的韧性。新冠肺炎疫情冲击的背景下，我国完整的制造业体系对经济稳定发挥了重要作用。但是，中国制造业在全球价值链体系中整体附加值还较低，总体上处于全球分工格局和全球价值链中的中低端地位。中国制造总体上是规模大而创新能力不强，还存在众多"核心能力短板"、"关键能力短板"和"基础能力短板"，存在很多"卡脖子"技术问题没有突破。"工业四基"自主化程度低，关键共性技术缺失，产品质量和可靠性难以满足需要，包括试验验证、计量、标准、检验检测、认证、信息服务等在内的基础服务体系不完善，信息社会背景下的基础软件、操作系统、计算机算法等现代产业的核心基础更是主要依赖国外。这种关键的、基础的、核心的制造能力短缺不仅严重影响了我国国民经济循环质量，使我国国民经济循环内生动力不够强大，而且在逆全球化趋势下会造成产业链安全问题，制造业的"能力短板"成为国民经济循环体系的"韧性短板"，影响国民经济循环的可靠性。为此，党的二十大报告指出，实施产业基础再造工程和重大技术装备攻关工程，支持专精特新企业发展，推动制造业高端化、智能化、绿色化发展。这无疑对我国提高国内经济循环内生动力具有十分重要的意义。

  从协调发展看，我国建设现代化产业体系的主要着力点是解决近些年经济存在的"脱实向虚"趋势，努力促进产业融合发展。实体经济是一国经济的立身之本、财富之源。中国式现代化要使占世界18%的人口实现共同富裕，必须不断厚植现代化的物质基础，不断夯实人民幸福生活的物质条件。作为一个社会主义国家，中国没有强大的实体经济，就不能形成现代化的坚实的物质技术基础，从而也就难以沿着独立自主的和平发展道路崛起。实体经济是我国经济发展并在国际竞争中赢得主导的根基。围绕实体经济发展，要遏制"去制造业化"的"脱实向虚"趋势，要求保持制造业比重基本稳定。同时要大力推进产业的融合发展战略，包括促进战略性新兴产业融合集群发展，构建新一代信息技术、人工智能、生物技术、新能源、新材料、高端装备、绿色环保等一批新的增长引擎；推动现代服务业同先进制造业、现代农业深度融合，尤其是强化金融服务实体经济的机制和能力，从体制机制上纠正我国经济结构"脱实向虚"趋势；要促进数字经济和实体经济深度融合，推进数字经济产业化和产业经济数字化，赋能传统产业转型升级，催生新产业、新业态、新模式，打造具有国际竞争力的数字产业集群。为此，建设以新型基础设施为主要内容的现代化基础设施、以新型基础设施促进产业融合至关重要。相对于我国超大规模的市场总量和经济总量而言，我国基础设施总体上还属于短板，尤其是适合数字化、智能化、信息化和绿色化要求的新型基础设施发展还不充分。"新基建"投资是有效投资，对新型基础设施建设进行投资十分必要，短期有稳增长作用，长期有优化经济结构的意义。以新型基础设施发展促进产业融合发展、促进新型工业化和高质量城镇化发展，对建设现代化产业体系、提高经济循环质量具有重要意义。

第二，扩大内需拉动路径——以持续建设超大规模市场为着力点，以不断完善内需体系、扩大内需为战略路径，提高国民经济循环质量。

在国民经济循环体系中，市场体系是在分工基础上生产要素、产品及服务在各主体之间进行交换，并以价格机制保证供给以满足需求的系统。市场体系是否完善，是能否实现高质量经济循环的一项决定性因素。高质量的经济循环体系，要求市场体系容量巨大、结构合理、运行高效、统一开放、主体活跃、竞争有序，要求建设高标准市场体系。改革开放以来，中国通过市场化改革，逐步建立了社会主义市场经济体制，市场体系逐步完善。尤其是党的十八大以来，我国市场体系建设取得了巨大成就，对于经济循环体系健康发展发挥了基础性的支撑作用。但是，从建设高标准市场体系的要求看，我国市场体系建设还任重道远。相对于产品市场，我国要素市场化改革还存在明显的短板，妨碍各种生产要素市场化配置的体制机制障碍比较突出；从国内地区市场看，仍存在不少地方政府设置进入壁垒、对外地区企业设置不公平竞争条件的现象，影响了地区市场的统一开放、公平竞争，不利于国内大循环畅通和统一大市场建设；从市场体系基础制度看，产权保护制度、市场准入制度、公平竞争制度、社会信用制度等都需要进一步完善；营商环境的市场化、法制化、国际化水平还有待进一步提升；毫不动摇巩固和发展公有制经济，毫不动摇鼓励、支持、引导非公有制经济发展，这些原则要求还需更好地贯彻。2020年4月和2022年4月，中共中央和国务院相继出台《关于构建更加完善的要素市场化配置体制机制的意见》《中共中央 国务院关于加快建设全国统一大市场的意见》，这两个意见对于建设高标准市场体系、提高国民经济循环质量具有重要意义。

中国式现代化是人口规模巨大的现代化。改革开放以来，中国已经发展成具有14亿人口、中等收入群体超过4亿人、经济总量超过 100 万亿元、人均 GDP 达到 1 万美元的超大规模经济体，具备了依靠扩大内需持续做大经济循环流量、推动经济增长的条件。构建新发展格局要求围绕着扩大内需，加强需求侧管理，深化经济体制机制改革，建立扩大内需的有效制度，加快培育完整内需体系，释放内需潜力，通过持续建设超大规模的国内市场，形成不断扩大的国内经济大循环和内需主导的可持续经济增长源泉。这要求着力扩大消费以完善内需结构，提高我国消费在需求结构中的比例，实现内需结构的合理化、高级化。发挥内需潜力更重要的方面是调整内需结构，扩大居民消费在内需中的比重。应释放制度红利，完善社会保障体系，推动收入分配制度改革，构建初次分配、再分配、第三次分配协调配套的制度体系。努力提高居民收入在国民收入分配中的比重，提高劳动报酬在初次分配中的比重。规范财富积累机制，探索多种渠道增加中低收入群体要素收入，多渠道增加城乡居民财产性收入；健全信用体系，扩大信贷消费；调节税收手段，刺激广大中等收入群体的消费；通过健全消费法律体系保障居民的消费；创造就业机会，提高居民收入；扩大互联网商业在打造新业态、新模式上的作用，发展数字服务业，弥补消费供给与需求结构的不匹配；在全社会创造消费型社会，以扩大消费畅通内循环，实现内需结构的合理化、高级化。

在着力扩大消费的同时，还要重视投资在扩大内需、促进经济增长方面的重要价值，不能因为将经济增长模式从投资驱动转向消费拉动，就忽视投资的现实意义。我国有关基础设施、市政工程、农业农村、公共安全、生态环保、公共卫生、物资储备、防灾减灾、民生保障和城乡区域协调发展等领域还存在发展不平衡导致的大量短板，还需要在数字经济、战略性新兴产业、新型基础设施、新型工业化和高质量城镇化、科研教育等领域针对发展不充分问题进行大量升级型投资，总体上有效投资缺口还很巨大，中国式现代化建设还需要进一步加大有效投资。从经济循环角度看，当期的有效投资恰是未来的消费基础，问题的关键在于提高投资的全生命周期的回报。这要求健全宏观经济治理体系，发挥国家发展规划的战略导向作用，加强财政政策和货币政策协调配合，既要增强消费对经济发展的基础性作用，又要发挥投资对优化供给结构的关键作用。通过积极财政政策和稳健货币政策的协同联动，跨周期与逆周期宏观政策的有机结合，以扩大内需为战略基点，紧扣结构性问题，确保宏观经济政策更加精准有效。要加快形成一种供给政策与需求政策动态平衡、结构政策与总量政策有机结合、改革政策与管理政策有效协同、长期政策与短期政策统筹配合、国内循环与国际循环相互促进、市场机制与政府作用共同发挥的宏观经济政策体系和经济运行机制。

第三，内外循环联动路径——以推进高水平对外开放为着力点，以强化国内国际两个市场两种资源联动效应为战略路径，提高国民经济循环质量。

中国式现代化是走和平发展道路的现代化，中国既是经济全球化的受益者，也是贡献者。改革开放以来，中国在经济全球化进程中承担了三个角色：一是深度参与者——深度参与全球制造业价值链分工；二是积极促进者——积极促进了全球经济的可持续发展；三是合作创新者——与其他国家共同推进全球新一轮技术创新与产业革命。在全面建设社会主义现代化国家新征程中，需要进一步推进高水平对外开放，推进国内和国际经济循环的相互促进。高质量的国民经济循环一定是开放的。

提高国民经济循环质量，必须强化国内国际市场和资源的联动效应。一方面，要促进"由内向外联动"，积极主动挖掘中国超大规模市场优势和内需潜力，通过构建强大的国内经济大循环体系，充分发挥国内大循环在双循环中的主体作用，塑造中国参与国际经济合作和竞争新优势，形成对世界要素资源的强大吸引力，提高国际竞争力；另一方面，要促进"由外向内联动"，通过高水平对外开放，持续深化产品、资金、人才等要素流动型开放，稳步拓展规则、规章、标准等制度型开放，尤其是加强与"一带一路"沿线国家的市场、规则和标准的联通，形成具有全球竞争力的开放创新生态，在全面开放新格局下进一步促进中国同世界经济的联系，提升国际循环质量和水平，以国际循环质量和水平的提升促进国内经济循环内生动力和可靠性，形成国内国际双循环相互促进的高质量经济循环体系。

坚持高水平对外开放，增强国内国际循环联动效应，尤其要注重发挥自由贸易试验区的关键作用。自2013年9月中国（上海）自由贸易试验区正式挂牌，我国已先后分七批累计设立22个自由贸易试验区（港），形成了东西南北中协调、陆海统筹的自由贸易试验区版图。自由贸易试验区在我国社会主义现代化进程中发挥着先行先试的重要探路引领作用。要实施自由贸易试验区提升战略，扩大面向全球的高标准自由贸易区网络。进入新发展阶段后，自由贸易试验区要在构建新发展格局中寻找自己的新定位，要在提高国民经济循环质量中发挥新作用，充分发挥其高水平对外开放的优势，成为国内大循环的中心节点，更好地连接国内国际双循环。一是自由贸易区要成为高水平自主创新高地，围绕构建开放创新生态，提高技术创新能力，积极推进制造业、服务业的开放，在推进中国产业基础高级化、产业链现代化过程中发挥重要作用；二是自由贸易区要成为高素质要素汇集高地，具有吸引数字、知识、人才、资本等各类全球高端要素的充足能力；三是自由贸易区要成为高标准规则测试高地，通过在自由贸易区对先进经贸规则进行压力测试，形成新规则冲击的有效缓冲带。尤其是自由贸易区要对标国际高水平营商环境，强化规则、规制、管理、标准方面的开放，加强与"一带一路"沿线国家的市场、规则和标准的联通，积极参与全球经济治理体系改革，在推动构建更高水平国际经贸规则（WTO、CPTPP、RECP、DEPA等）中提出更多中国倡议和中国方案。

中国式宏观经济治理现代化

中国式现代化语境下的宏观经济治理

党的二十大报告指出："在新中国成立特别是改革开放以来长期探索和实践基础上，经过十八大以来在理论和实践上的创新突破，我们党成功推进和拓展了中国式现代化。"① "从现在起，中国共产党的中心任务就是团结带领全国各族人民全面建成社会

---

① 习近平.高举中国特色社会主义伟大旗帜，为全面建设社会主义现代化国家而团结奋斗——在中国共产党第二十次全国代表大会上的报告（2022年10月16日）[M].人民出版社，2022：22.

主义现代化强国、实现第二个百年奋斗目标,以中国式现代化全面推进中华民族伟大复兴。"①中国式现代化是实现中华民族伟大复兴的必由之路,是符合中国国情的成功的现代化道路。在中国式现代化道路上,中国创造了经济快速发展和社会长期稳定的两大奇迹。②这些发展奇迹集中体现了中国特色社会主义制度、国家治理体系和治理能力的显著优势。如果聚焦到经济发展视角,在中国经济快速稳定发展的奇迹背后,一定有社会主义市场经济体制、中国经济治理体系和治理能力的制度层面原因,这是制度经济学给出的理论共识。

中国式现代化坚持了"本国国情论"的现代化战略路径,基于本国国情探索出一系列推进经济发展和现代化的战略路径和实现体制机制。③把社会主义和市场经济有机结合起来,探索建立社会主义市场经济体制,这是一项伟大创举,也是实现中国式现代化的经济体制机制基础。坚持和完善社会主义市场经济体制,必然要求不断创新政府管理和服务方式,完善宏观经济治理体制。党的二十大报告指出,要构建高水平的社会主义市场经济体制。在宏观经济治理体制方面,要健全宏观经济治理体系,发挥国家发展规划的战略导向作用,加强财政政策和货币政策协调配合,

---

① 习近平.高举中国特色社会主义伟大旗帜,为全面建设社会主义现代化国家而团结奋斗——在中国共产党第二十次全国代表大会上的报告(2022年10月16日)[M].人民出版社,2022:21.
② 中共中央关于党的百年奋斗重大成就和历史经验的决议[M].人民出版社,2021:63.
③ 中国式现代化研究课题组.中国式现代化的理论认识、经济前景和战略任务[J].经济研究,2022(08):26-39.

着力扩大内需，增强消费对经济发展的基础性作用和投资对优化供给结构的关键作用。①2020年5月发布的《中共中央 国务院关于新时代加快完善社会主义市场经济体制的意见》提出，"完善政府经济调节、市场监管、社会管理、公共服务、生态环境保护等职能，创新和完善宏观调控，进一步提高宏观经济治理能力"②，是新时代完善社会主义市场经济体制的一项重要要求。如果将此置于中国式现代化语境下，这就是推进宏观经济治理体系和治理能力现代化的必然要求，也是推进中国式宏观经济治理现代化的核心任务。

进入新时代，在以习近平同志为核心的党中央领导下，中国坚持以新发展理念为指导，坚持和完善社会主义基本经济制度，充分发挥市场在资源配置中的决定性作用，更好地发挥政府作用，以高质量发展为主题，创新和完善宏观调控，成功推进和拓展了中国式的宏观经济治理现代化之路，从而有效应对了各种风险和挑战。

中国式宏观经济治理现代化的基本认识

自20世纪30年代经济大萧条以来，各国均在不同程度上采

---

① 习近平.高举中国特色社会主义伟大旗帜，为全面建设社会主义现代化国家而团结奋斗——在中国共产党第二十次全国代表大会上的报告（2022年10月16日）[M].人民出版社，2022：29.
② 中共中央 国务院关于新时代加快完善社会主义市场经济体制的意见[OL].[2020-05-18]. https://www.gov.cn/zhengce/2020-05/18/content_5512696.htm.

取宏观经济调控，试图通过财政政策、货币政策等各类宏观政策工具对经济运行进行调节。在宏观调控的理论上，也逐步出现了凯恩斯主义、后凯恩斯主义、货币主义、供给主义、新古典主义、新凯恩斯主义等各类流派，宏观经济学理论日趋丰富和完善。1978年以后，中国开始推进从计划经济体制向市场经济体制转轨，中国宏观经济的管理方式随着经济转轨也开始转变，逐步探索适合自己国情的宏观经济调控方式、方法和政策。党的十八届三中全会明确提出了健全以国家发展战略和规划为导向、以财政政策和货币政策为主要手段的宏观调控体系，并进一步指出宏观调控的主要任务是保持经济总量平衡，促进重大经济结构调整和生产力布局优化，减缓经济周期波动带来的影响，防范区域性、系统性风险，稳定市场预期，实现经济持续健康发展。[1]2020年5月，中共中央、国务院印发的《关于新时代加快完善社会主义市场经济体制的意见》，首次使用"宏观经济治理"的概念，提出要"完善宏观经济治理体制"和"进一步提高宏观经济治理能力"。2020年10月，党的十九届五中全会通过的《中共中央关于制定国民经济和社会发展第十四个五年规划和二〇三五年远景目标的建议》再次明确宏观经济治理体系的内涵："健全以国家发展规划为战略导向，以财政政策和货币政策为主要手段，就业、产业、投资、消费、环保、区域等政策紧密配合，目标优化、

---

[1] 中共中央关于全面深化改革若干重大问题的决定（2013年11月12日中国共产党第十八届中央委员会第三次全体会议通过）[OL].[2013-11-15].https://news.12371.cn/2013/11/15/ARTI1384512952195442.shtml.

分工合理、高效协同的宏观经济治理体系。"①党的二十大报告进一步要求健全宏观经济治理体系。

从"宏观经济调控"到"宏观经济治理",这既是对中国经济运行和经济发展规律的认识深化,也是中国式现代化探索进程中推进治理能力现代化的关键一步。这里需要把握以下两个语义方面的内涵。

第一,为什么不是"宏观经济管理"而是"宏观经济治理"?一般而言,"管理"的行为来源于赋权,个体、组织机构、政府等单一主体被赋予权力就能实施管理,是一种为了实现组织目标的自上而下的行为。"治理"包含的内容更加丰富,治理的行为依据来源于制度、法律等上层建筑,来源于共同遵守的协定或契约,重点强调多元主体管理。而在宏观经济的"管理"与"治理"的区别上,中国实践则有更为深刻的含义。"宏观经济管理"虽然在一般宏观经济学中也常常使用,在计划经济体制下一般对应的是计划经济管理,其内涵基本上是完全利用计划的行政管理手段对整个经济活动的管控;改革开放以后,随着中国社会主义市场经济体制的逐步完善,宏观经济管理对应的是以财政政策、货币政策为主要工具对宏观经济活动进行调控,试图通过需求总量管理来逆周期控制和调节全社会的经济活动,保障市场经济条件下国民经济持续稳定协调地发展。而"宏观经济治理"则是社会主义现代化事业进入新时代以后,在需求总量管理的基础

---

① 十九大以来重要文献选编:中 [M]. 北京:中央文献出版社,2021:515.

上，进一步深化以供给侧结构性改革为主线，以财政政策和货币政策为主要手段，就业、产业、区域、投资、消费、科技、环保、民生、社会、改革、开放等各类政策手段合理分工、紧密配合、高效协同，对更为复杂的经济活动进行引导、调节和控制。这意味着，相对而言，"宏观经济治理"的目标更加多元，解决问题更为复杂，调控手段更为多样，时间跨度更为长远，涉及领域更为全面。

第二，为什么从宏观经济"调控"转变为宏观经济"治理"？宏观经济调控重在"调"和"控"，强调在市场机制不完善的情况下，通过间接手段进行宏观管理，使用多种政策工具管理国民经济体系。"调"和"控"突出了政策工具的特性和功能，重在对宏观经济的调节和控制。宏观经济治理重在"治理"，是将宏观经济管理活动纳入国家治理体系和规范化、制度化、法治化轨道。[①] 相比较而言，宏观调控侧重于灵活运用宏观经济政策工具的功能与特性，尤其是财政政策工具和货币政策工具，关注它们在减少经济波动中的作用。而宏观经济治理的内涵更加全面、更加丰富，其将宏观经济政策框架纳入国家治理体系和治理能力现代化全局中加以系统谋划，突出全局特征和系统特征。党的十九届五中全会将"宏观调控制度体系"修改为"宏观经济治理体系"，充分体现出党中央已经深刻认识到中国社会主要矛盾发

[①] 董昀.健全中国特色宏观经济治理体系，完善宏观经济政策协调机制[J].中国发展观察，2021（19-20）：62-65；董昀.中国特色社会主义宏观调控的实践探索与理论创新[J].马克思主义研究，2020（8）：110-122，156.

生的变化。从宏观调控向宏观经济治理的战略转换，将原有的经济管理范畴拓展到制度体系层面，大大拓宽了宏观经济调控制度体系的范畴和边界，实现了对经济运行和发展的宏观管理能力的全面提升。[1]

从"宏观经济调控"到"宏观经济治理"，更为重要的理论意义在于可以将经济运行和发展的宏观管理活动自然地纳入国家治理现代化框架中。宏观经济治理是国家治理体系与国家治理能力的一个重要方面，宏观经济治理现代化也就成为国家治理体系和治理能力现代化的一个重要组成部分，对于构建高水平社会主义市场经济体制、实现国家治理体系和治理能力现代化具有重要的指导意义。宏观经济治理现代化包括宏观经济治理体系与治理能力现代化，推进宏观经济治理现代化意味着要持续健全宏观经济治理体系，不断完善宏观经济政策协调机制，全面提升宏观经济治理能力等内容。

在推进中国宏观经济治理现代化进程中，中国逐步形成了具有自身特色的宏观治理体系和治理能力，既体现了各国在宏观经济调控方面形成的共同特征，例如财政政策、货币政策的逆周期调节，也彰显了基于本国国情形成的中国特色，例如国家发展规划指导、跨周期政策设计、供给侧结构性改革等。中国式宏观经济治理现代化道路，构成了中国式现代化的重要组成部分。党的二十大报告提出，在现代化新征程中，中国共产党的中心任务是

---

[1] 付一婷,刘金全,刘子玉.论宏观经济调控向宏观经济治理的战略转换[J].经济学家,2021（7）：83-91.

以中国式现代化全面推进中华民族伟大复兴。而中国式现代化需要现代化的宏观经济治理体系和治理能力作为支撑，因此，新时代需要推进中国宏观经济治理现代化，形成适应中国式现代化要求的经济运行体制机制和宏观经济调控体系。从中国式宏观治理现代化目标要求看，需要推进扩大内需与供给侧结构性改革的有效结合，在坚持以供给侧结构性改革为主线、以国内经济大循环为主体、市场在资源配置中起决定性作用的原则的同时，加快形成一种供给与需求动态平衡、改革与管理高效统筹、国内循环与国际循环相互促进、市场机制与政府作用有效结合的经济运行机制。

中国式宏观经济治理现代化的重要特征

党的十八大以来，以习近平同志为核心的党中央在宏观经济治理领域提出了一系列重大科学判断、政策方针，逐步形成了中国式宏观经济治理体系。新时代的中国式宏观经济治理现代化，需要在推进高质量发展的要求下，在把握新发展阶段、贯彻新发展理念、构建新发展格局的过程中与时俱进。相较于以往，中国式宏观经济治理现代化具有以下几个方面的主要特点。

坚持将国家发展规划作为战略导向

新时代中国式宏观经济治理现代化注重对目标进行合理规划，不仅关注短期经济增速，更加注重中长期发展规划，形成了多层次的目标体系。通过国家战略规划引领经济有序发展,是中国特色社会主义市场经济与传统市场经济的主要区别。基于国家发展规划,引导资源合理配置,提高市场活力,以实现经济发展的中期("十四五"时期)、长期(到2035年)以及超长期(到2050年)目标。[①]通过国家发展规划统一思想和方向,明确了宏观经济治理的阶段性任务,有效衔接了经济短期运行与中长期发展,优化经济发展结构,增强发展动力,推动中国经济平稳健康发展,引领中国式宏观经济治理体系和治理能力现代化。

坚持推进扩大内需战略实施与深化供给侧结构性改革有机结合

传统宏观经济政策主要采取凯恩斯主义经济学主张,强调总需求管理,主要使用财政政策和货币政策等调控手段。中国式宏观经济治理则是强调供给与需求并重,侧重两者动态平衡。供给侧结构性改革的主攻方向是提高供给质量,减少无效供给,扩大有效供给,着力提升整个供给体系质量,提高供给结构对需求结构的适应性。需求侧管理通过采用结构性政策解决中长期经济发展问题,使供给和需求达到动态平衡。供给侧结构性改革和需求侧管理在中国式宏观经济治理现代化进程中都起到重要作用,通过深化供给侧结构性改革和需求侧管理来改善供给体系治理、持续释放消费潜力。两者紧密结合,可以推动"需求牵引供给、供

[①] 刘伟,陈彦斌.新时代宏观经济治理的发展脉络和鲜明特点[J].中国经济评论,2022(Z1):85.

给创造需求"的动态循环，助力构建新发展格局，是宏观经济治理的重要举措。①需求侧总量管理要围绕着扩大内需这个战略基点，坚定实施扩大内需战略、培育完整内需体系，既是加快构建新发展格局的必然选择，也是促进我国长远发展和长治久安的战略决策。

坚持提高货币政策和财政政策的前瞻性和精准性

中国宏观调控体系除了财政政策、货币政策、产业政策等，在很长时期内，还有计划指令等措施，而且相应政策的主次关系未得到明确区分。党的十八大以来，将财政政策和货币政策列为中国式宏观经济治理的主要手段，强化其在宏观调控体系中的主要地位，有助于提高宏观经济治理的整体效率。在调控方式上，增强财政政策和货币政策调控的前瞻性和精准性，不搞"大水漫灌"，构建"区间调控＋定向调控＋相机调控"的调控方式。其中，区间调控要把握宏观政策实施的时机，发挥市场调节机制的主导作用；定向调控与相机调控则进一步明确了财政政策和货币政策的方式和途径。"区间调控＋定向调控＋相机调控"的调控方式有助于进一步提高宏观经济治理的有效性，促进中国式宏观经济治理现代化。②

---

① 刘伟，陈彦斌.新时代宏观经济治理的发展脉络和鲜明特点[J].中国经济评论，2022（Z1）：85.
② 同上。

坚持构建稳中求进的宏观经济治理工作的总基调和方法论

党的十八大以来，习近平总书记反复强调稳中求进的工作总基调。历次中央经济工作会议，都会将"稳中求进"作为第二年经济工作的总基调。稳中求进工作总基调既是我国治国理政的重要原则，也是做好经济工作的方法论。"稳"是主基调，是大局，经济工作"稳"的重点是稳住经济运行，保证增长、就业、物价不出现大的波动，金融等领域不发生系统性风险；"进"是在"稳"的基础上在关键领域有所进取，经济工作"进"的重点是深化改革开放和调整经济结构，推进经济体系优化升级、经济质量效应持续提高。"稳"和"进"是有机统一、相互促进的，只有坚持稳中求进工作总基调，正确处理稳与进的关系，才能推动我国经济不断迈上更高质量、更有效率、更加公平、更可持续、更为安全的发展新台阶。

坚持构建目标优化、分工合理、紧密配合、高效协同的政策体系

中国式宏观经济治理现代化将传统宏观调控体系中的微调、逆调等方式制度化和体系化，实现了跨周期、跨领域的经济治理，拓展了治理范畴，宏观经济治理目标由"大水漫灌"式调控转向精准定向调控。在宏观经济治理过程中，宏观经济政策紧密配合、分工合理，明确了宏观经济治理体系中就业、产业、投资、消费、环保、区域政策之间的相互关系。此外，中国式宏观经济治理现代化需要宏观经济政策之间高效协同，政策工具相互配合、同步

协调，实现宏观经济治理体系的高效运转。这体现了经济政策间协调配合的能力，保证了制度设计和政策执行的能力，也保证了经济总量和结构协调平衡的能力。① 这凸显了中国式宏观经济治理现代化的目标优化、分工合理、高效协同的特点。

坚持统筹发展与安全，强化底线思维和风险意识

习近平总书记反复强调底线思维和风险意识，重点防范重大经济风险与系统性金融风险。面对复杂多变的国内外形势，统筹实现中华民族伟大复兴的战略全局和世界百年未有之大变局，需要强化底线思维和风险意识，提高治理能力现代化水平，加强基于大数据的经济监测预警能力建设，通过新兴信息技术逐步实现宏观经济信息管理的网络化、智能化，加强风险防范能力。②

总之，立足新发展阶段，坚持新发展理念，构建新发展格局，推进经济高质量发展，习近平经济思想引领中国式宏观经济治理实现了理念与思路创新，开拓出中国式宏观经济治理现代化道路，凸显了中国特色，为全球宏观经济治理提供了中国智慧和中国方案。

中国式宏观经济治理现代化的理论创新

中国式宏观经济治理体系的形成与发展，是以马克思主义政

---

① 付一婷，刘金全，刘子玉.论宏观经济调控向宏观经济治理的战略转换[J].经济学家，2021（7）：83-91.
② 刘伟，陈彦斌.新时代宏观经济治理的发展脉络和鲜明特点[J].中国经济评论，2022（Z1）：85.

治经济学基本原理同中国实际和时代特征结合的新成果，是在习近平经济思想指导下对宏观经济领域经济规律的新探索。在形成过程中，也吸收了西方经济学的有益成分，但超越了西方经济学宏观调控理论。中国式宏观经济治理现代化理论，是中国特色社会主义发展过程中的一大重要理论创新。

理论基础是马克思主义政治经济学

中国式宏观经济治理现代化的理论基础是马克思主义政治经济学，是马克思主义政治经济学中国化、时代化的新成果。马克思主义政治经济学决定了其根本立场。推进中国式宏观经济治理现代化，必须政治导向明确，立场鲜明，服务于以人民为中心的新时代中国特色社会主义经济建设，致力于满足人民日益增长的美好生活需要。[①]马克思主义的辩证唯物主义和历史唯物主义为中国式现代化理论提供了科学的世界观和方法论。马克思主义揭示了资本主义现代化的实质及其弊端，为中国式现代化理论奠定了基石。马克思主义对现代化道路多样性的阐释，为东方国家摆脱落后局面提供了重要理论支撑。[②]中国式宏观经济治理现代化是对马克思主义中国化、时代化的重要理论创新。

---

① 董昀.中国特色社会主义宏观调控的实践探索与理论创新[J].马克思主义研究，2020（8）：110-122，156.
② 林毅夫，付才辉.中国式现代化：蓝图、内涵与首要任务——新结构经济学视角的阐释[J].经济评论，2022（6）：3-17.

坚持以习近平经济思想为指导

中国式宏观经济治理现代化的指导思想是习近平经济思想，是新发展阶段对宏观经济领域经济规律认识的新探索。党的十八大以来，中国特色社会主义进入新时代，以习近平同志为核心的党中央对国内外经济形势、基本经济国情和经济发展阶段进行科学判断，对经济发展理念和思路做出及时调整，提出了一系列新理念、新思想、新战略，从理论和实践相结合的角度系统回答了新时代中国经济发展和现代化建设的一系列重大问题。在实践中形成并正在不断丰富发展的习近平经济思想，指导我国社会主义经济建设事业取得了历史性成就，发生了历史性变革，为马克思主义政治经济学注入了新内涵、开辟了新境界。习近平经济思想集中体现了我们党对经济规律的深刻洞见，深化了对经济规律的认识。[1] 随着中国经济发展从高速增长转向高质量发展，以习近平同志为核心的党中央，提出并推进了新时代的宏观经济治理现代化，形成了中国式宏观经济治理思路和体系，更加突出以国家中长期发展规划作为宏观经济治理的战略导向，将扩大内需与深化供给侧结构性改革有机结合，实施更加精准和更具前瞻性的货币政策和财政政策，构建"区间调控＋定向调控＋相机调控"的调控方式，增加跨周期政策设计，弥补逆周期调节的不足，注重国际宏观经济政策协调，加快构建新发展格局，促进经济内外均衡发展，强化底线思维和风险意识，确保经济社会稳定。这些

---

[1] 黄群慧.全面理解习近平经济思想对经济规律认识的新深化[J].中国纪检监察，2022（17）：41-43.

都深化了中国对宏观经济领域经济规律的新认识。

借鉴和超越了西方经济学宏观调控理论

中国式宏观经济治理现代化过程既吸取了西方宏观经济治理的相机调控、需求管理、逆周期调节等经验，又超越了西方现代化进程的宏观经济理论和政策。首先，西方国家的需求侧管理侧重使用货币政策和财政政策对经济运行进行短期的逆周期调节，而中国式宏观经济治理的需求侧管理强调坚持扩大内需与深化供给侧结构性改革有机结合，侧重解决中长期经济发展问题。其次，中国式宏观经济治理现代化以供给侧结构性改革为主线，旨在提高供给质量，减少无效供给，扩大有效供给，着力提升整个供给体系质量，提高供给结构对需求结构的适应性，增强经济持续增长的动力；西方供给学派则主张通过减税和减少政府干预摆脱"滞胀"困境。再次，西方宏观政策强调逆周期调节，中国式宏观经济治理现代化增加了跨周期政策调节内容，保持宏观政策的连续性、稳定性、可持续性。跨周期调节有利于平衡经济增长、金融风险、经济结构等多个目标之间的关系，既保证宏观政策力度的充足，也能预留足够的政策空间，从而更好地保证经济运行在合理区间之内。最后，西方现代化是立足于原始资本积累的现代化，中国式现代化是后发赶超的以人民为中心的社会主义现代化。

综上，中国式宏观经济治理体系是坚持以习近平经济思想为指导，在中国经济发展步入高质量发展阶段、面对世界百年未有之大变局以及宏观调控经验积累基础上逐渐发展形成的，是马克思主义中国化时代化的产物，既吸取了西方经济学中的有益成分，又突出中国国情和中国特色。它以国家发展规划为战略导向，以财政政策和货币政策为主要手段，就业、产业、投资、消费、环保、区域等政策紧密配合，具有目标优化、分工合理、高效协同的特点，既包含了新时代对中国经济发展规律的深刻认识和重要把握，又包含了对中国现代化新征程推进中国经济高质量发展的必然要求，对全面推进中华民族伟大复兴具有重要意义，也为全球经济治理提供了中国方案和中国智慧。

第五章

塑造新型生产关系

发展新质生产力，需要塑造与新质生产力发展相适应的新型生产关系。要形成新型生产关系，必须进一步全面深化改革，扩大高水平对外开放，形成有利于新质生产力的科技创新、人才培养、收入分配、金融管理等各方面体制机制，建立高标准市场体系，完善宏观经济调控，更好体现知识、技术、人才的市场价值，在全社会形成鼓励创新、包容失败的文化氛围。

统筹推进深层次改革与高水平开放

新质生产力需要与之相适应的新型生产关系，要塑造新型生产关系，必须统筹推进深层次改革和高水平开放，不断解放和发展社会生产力，激发和增强社会活力。中国共产党领导中国式现代化的成功经验表明，改革开放是当代中国大踏步赶上时代的重要法宝，是决定中国式现代化成败的关键。在经济发展的各个关键时期，中国共产党总是能够通过改革开放破除体制机制障碍，为经济发展释放制度红利和拓展发展空间，这已经成为中国经济发展的重要方法论。当前中国步入现代化新征程，面对百年未有之大变局，需要统筹深层次改革与高水平开放，形成以高质量发展推进中国式现代化的有效体制机制，加快构建新发展格局，实现经济质的有效提升与量的合理增长。

以深层次改革破除制约经济高质量发展的体制机制障碍

中国已进入以高质量发展推进中国式现代化的新征程。在新征程上，一方面，我国还面临不少躲不开、绕不过的深层次矛盾和亟待完善的体制机制问题，长期形成的经济增长动力还不能适应经济高质量发展的要求；另一方面，新一轮科技革命和产业变革，与我国人口结构的转折性变化相叠加，给我国经济质的提升和量的合理增长带来新的巨大挑战。这要求我国必须深化重点领域的改革，培育适合高质量发展的体制机制，为加快中国式现代化建设持续注入强大动力。

进一步完善社会主义市场经济体制

要进一步完善社会主义市场经济体制，充分发挥市场在资源配置中的决定性作用，更好发挥政府作用。近几年，中央先后出台《关于构建更加完善的要素市场化配置体制机制的意见》（2020年4月）、《关于新时代加快完善社会主义市场经济体制的意见》（2020年5月）、《关于加快建设全国统一大市场的意见》（2022年4月），这些文件对建设高水平社会主义市场经济体制具有重大意义。在此基础上，需要进一步推进理论和实践的创新，一方面，进一步深化政府体制改革，健全宏观经济治理体系，提高宏观经济治理能力与体系现代化水平，以更好地发挥政府作用，充分发挥市场在资源配置中的决定性作用；另一方面，要加快推进高标准的市场体系建设，着力构建全国统一大市场，完善产权保护、市场准入、公平竞争、社会信用等市场经济基础制度，强化反垄断和反不正当竞争，破除地方保护和行政性垄断，着力破除各种形式的地方保护和市场分割，有效降低全社会物流成本，持续优化营商环境。

深入推进分配制度改革

要深入推进分配制度改革，为实现全体人民共同富裕的现代化奠定体制机制基础。当前深化分配制度改革，既是实质性推进全体人民共同富裕的需要，也是服务于扩大内需战略、鼓励居民消费的必然要求。改革的基本思路是：坚持按劳分配为主体、多种分配方式并存，增加低收入者收入，扩大中等收入群体，调节过高收入，形成橄榄形分配格局；在制度建设上，持续完善初次分配、再分配、第三次分配体制机制，强化提高三次分配制度体系的系统性、协同性，形成更加成熟、更加协调的收入分配制度体系。尤其是要加快完善初次分配的市场化机制，提高劳动报酬在初次分配中的比例，强化初次分配的基础性作用；加快建设统一的劳动力市场；完善土地、矿山等资源类生产要素以及数据等新型生产要素市场建设；健全生产要素由市场评价贡献、按贡献决定报酬的机制；探索个人、企业、公共数据分享价值收益的方式。当前，分配改革政策的着力点应该放在增强收入水平稳定性与收入增长确定性上。

完善科技创新体制机制

要完善科技创新体制机制，加快形成与新质生产力发展相适应的生产关系。一方面，不断完善社会主义市场经济条件下的新型举国体制，加大基础研究力度，健全国家实验室体系，推进新一代信息技术、生物技术、新能源、新材料等领域的关键核心技术攻关工程，突破关键共性技术、前沿引领技术等，前瞻谋划类脑科学、量子信息、基因技术、未来网络、深海空天开发、氢能与储能等技术，开辟未来产业新赛道；另一方面，不断完善以企业为主体，以市场为导向，创新链、人才链、资金链、产业链深度融合发展的技术创新体制，让企业真正成为创新主体，让人才、资金等各类创新要素向企业聚集，优化配置创新资源，以科技创新推动产业创新，提高产业基础高级化和产业链现代化水平，激励企业加快数智化转型，实现实体经济与数字经济的深度融合，大力发展战略性新兴产业。

落实"两个毫不动摇"体制机制

不断完善落实"两个毫不动摇"体制机制，充分激发各类经营主体的内生动力和创新活力，形成不同所有制企业高质量协同发展新格局。一方面，深入实施国有企业改革深化提升行动，以提高核心竞争力和增强核心功能为重点，坚持"使命导向"的分类改革方向，进一步健全以管资本为主的国资管理体制和完善中国特色国有企业现代公司治理机制，更加有效发挥国有资本投资运营公司作用，以市场化方式推进国有经济布局优化和结构调整，打造一批创新型国有企业。另一方面，促进民营企业发展壮大，积极推进在法律制度和政策法规层面的理论创新，切实观照民营经济高质量发展现实难题和制约因素，在市场准入、要素获取、公平执法、权益保护等方面落实一批举措，一视同仁地推进国有企业和民营企业高质量协同发展。多种所有制企业高质量协同发展在结果层面集中体现为"国民共进""国民共强""国民共优"的格局，以不同所有制企业的高质量协同形成公有制经济与非公有制经济的"共进""共强""共优"格局。通过推动多种所有制企业高质量协同发展，造就大批现代化企业，全面支撑现代化经济体系建设。

以高水平开放不断拓展经济高质量发展的空间

现代化离不开开放，开放成就现代化。过去中国取得的经济奇迹是在开放条件下取得的，未来实现高质量发展必须在更加开放的条件下进行。改革开放以来，中国在经济全球化进程中承担了三个重要角色：深度参与者、积极促进者和合作创新者。我国已成为140多个国家和地区的主要贸易伙伴，货物贸易量居全球第一，服务贸易量居全球第二，吸收外资和对外投资均居世界前列。根据世界银行数据测算，2008—2021年，世界人均GDP增长30%，中国人均GDP增长263%，中国对全球经济增长的贡献率超过40%。在未来现代化新征程中，需要建设更高水平的开放型经济新体制，需要进一步推进高水平对外开放、推进国内和国际经济循环的相互促进，为经济高质量发展不断拓展新空间。

不断扩大高水平对外开放，需要通过建设高水平开放型经济新体制，稳步推进规则、规制、管理、标准等制度型开放，持续建设市场化、法治化、国际化一流营商环境，注重发挥依托我国超大规模市场优势，以国内大循环吸引全球资源要素，进一步增强国内国际两个市场、两种资源联动效应，尤其是要在以下两方面着力。

一是要进一步完善自贸区体制机制，注重发挥自贸试验区的关键作用，实施自由贸易试验区提升战略，扩大面向全球的高标准自由贸易区网络。自贸试验区要在构建新发展格局中寻找自己的新定位，成为国内大循环的中心节点、国内国际双循环的战略链接，成为高水平自主创新高地、高素质要素汇集高地、高标准规则测试高地。特别是自贸区要对标国际高水平营商环境，扩大规则、规制、管理、标准方面的开放，加强与"一带一路"沿线国家的市场、规则和标准的联通，积极参与全球经济治理体系改革，在推动构建更高水平国际经贸规则（如 WTO、CPTPP、RECP、DEPA 等规则）中提出更多中国倡议和中国方案。

二是要积极探索推进服务业开放的新体制机制，以服务业对外开放拓展经济高质量发展新空间。放宽服务业市场准入，创新服务贸易发展机制，拓展服务贸易、数字贸易、跨境电商出口。要对标国际高标准经贸规则，合理缩减外资准入服务业负面清单，尽快放宽电信、医疗等服务业市场准入，依法保护外商投资权益。切实保障外商投资企业依法享有国民待遇，建立公开透明的审批程序，推进服务业准入审批事项规范化、标准化管理，大力简化审批流程，缩短审批时间，全面清理不合理的经营限制条件。认真解决数据跨境流动、平等参与政府采购等问题，各相关部门按照与内资一致的条件和程序，审核外商投资企业的许可证及相关资质申请。

统筹推进深层次改革与高水平开放，加快构建新发展格局

对内改革与对外开放是相辅相成、相互促进的，广义的改革本身就包括开放内涵，而改革深化又是寓于开放之中的。改革开放以来，我们通过对内改革打开国门、融入世界，也通过对外开放来助推改革、深化改革，从而实现改革与开放的良性互动。现代化新征程，要统筹推进深层次改革与高水平开放，深入推动改革和开放相互促进，通过全面深化改革构建全方位、宽领域、多层次、适应中国式现代化要求的对外开放新格局，通过深入推进高水平对外开放加快形成适合中国式现代化要求的体制机制。

统筹推进深层次改革与高水平开放，是加快构建以国内大循环为主、国内国际双循环相互促进新发展格局的必然要求。构建新发展格局的关键在于经济循环的畅通无阻，而我国经济循环不畅主要表现在内需体系还不完整、国际循环效率和质量有待提升

两个方面。这要求通过深层次改革和高水平开放相结合，一方面，从构建现代化市场体系、现代化产业体系、收入分配体系和新型消费体系等方面入手完善内需体系；另一方面，进一步推进在全球范围内优化资源配置，拓展市场范围，促进产业迈进全球价值链中高端环节，加快培育我国经济发展的新增长点和新动能，从而提高国际大循环效率和水平。构建新发展格局最本质的特征是实现高水平的自立自强，而我国自主科技创新能力仍相对薄弱，这已经成为中国经济高质量发展的"阿喀琉斯之踵"。这要求通过统筹深层次改革与高水平开放，进一步完善我国科研体制，破除一切制约我国科研创新能力提升的体制机制，进一步完善新型举国体制，形成有效的科技人才发现、培育和激励机制，健全符合科研规律的科技管理政策体系。通过统筹深层次改革与高水平对外开放，可以推动我国加快融入全球科技创新网络，迅速提升运用全球科技创新资源的能力，集聚全球创新资源，从而加快提高我国科技创新能力。

统筹推进深层次改革与高水平开放，要求将完善社会主义市场经济体制与构建开放型经济新体制有机结合起来。一方面，通过高水平对外开放，尤其是稳步推进制度型开放，主动对标和借鉴高标准的市场规则、规制、管理、标准，引进国际高端生产要素，有助于推进国内相关重点领域的改革深化，进一步破除不适应高质量发展的体制机制障碍，促进国际国内要素有序自由流动、资源高效配置、国内国际市场深度融合，建立公平开放、竞争有序的现代化市场体系，推进建设市场化、法治化、国际化一流营商环境，更好地发挥市场在资源配置中的决定性作用；另一方面，通过推进深层次改革，进一步完善社会主义市场经济体制，可以更好地发挥我国超大规模的市场优势，可以更好地利用我国强大的生产能力优势，有利于我国积极参与和影响全球经济治理，有利于建立与高标准投资和贸易规则相适应的管理方式，推进坚持自主开放与对等开放，拓展开放型经济发展新格局。

坚持供需双侧协同发力

2023年中央经济工作会议指出：必须坚持深化供给侧结构性改革和着力扩大有效需求协同发力，发挥超大规模市场和强大生产能力的优势，使国内大循环建立在内需主动力的基础上，提升国际循环质量和水平。必须坚持深化供给侧结构性改革和着力扩大有效需求协同发力，是新时代以来以习近平同志为核心的党中央有效统筹国内国际两个大局、统筹疫情防控和经济社会发展、统筹高质量发展和高水平安全，概括总结的一条重要的宏观经济治理规律，是对习近平经济思想的丰富和发展，对构建新发展格局、建设现代化经济体系、实现经济稳中求进，具有重要意义。

协同发力具有科学性

坚持深化供给侧结构性改革和着力扩大有效需求协同发力，是对宏观经济治理现代化规律的科学系统把握。

党的二十大报告进一步强调，健全宏观经济治理体系，发挥国家发展规划的战略导向作用，加强财政政策和货币政策协调配合，着力扩大内需，增强消费对经济发展的基础性作用和投资对优化供给结构的关键性作用。

供给和需求是市场经济运行的最核心的一对内在关系，处理好供给和需求的关系，形成"需求牵引供给、供给创造需求"的高水平供需动态平衡，是一个健全的宏观经济治理体系的核心功能。供给侧管理政策一般要求从资本、劳动和技术这些生产要素入手，针对长期的结构性问题进行跨周期的宏观调控。需求侧管理政策一般是针对有效需求问题，使用财政政策和货币政策对周期性、总量性的经济增长等进行短期的逆周期调节。一般而言，从需求侧入手和从供给侧入手进行宏观调控的主要区别在于把握经济增长长期趋势和短期波动。但是供给侧和需求侧政策又不是截然分开的，要实现稳定、可持续的经济增长，都需要把握好协调供给侧和需求侧两方面政策，通过供给侧和需求侧管理政策的有效协同实现经济发展目标。

新时代以来，我国宏观经济治理一直坚持注重从供给侧和需求侧协同发力。2015年提出加强供给侧结构性改革以来，我国一直推进供给侧结构性改革。习近平总书记指出："供给侧结构性改革，说到底最终目的是满足需求，主攻方向是提高供给质量，根本途径是深化改革。"[1]这意味着供给侧结构性改革本意就是要通过持续推动科技创新、制度创新，提高全要素生产率和潜在增长率，突破制约高水平技术供给、制度供给的关键问题，推动质量变革、效率变革、动力变革，解决经济中存在的长期性、结构性问题，跨周期激发经济发展动力，提高潜在增长率，从而实现促进经济长期稳定增长的目标。而从需求侧政策看，则是围绕扩大有效需求，着力扩大消费和有效投资，持续推进区域协调发展和新型城镇化，立足超大规模市场优势，坚持实施扩大内需战略，培育更多经济增长动力源。

进入现代化新征程，加快构建新发展格局，对扩大有效需求提出了新要求，要使国内大循环建立在内需主动力的基础上，提升国际循环质量和水平。这要求深入实施扩大内需战略，全面促进消费，加快消费提质升级，优化投资结构，拓展有效投资空间，更好地发挥消费对经济发展的基础性作用和投资对优化结构的关键性作用，到2035年实现消费和投资规模再上新台阶、全面建立内需体系的目标。

坚持深化供给侧结构性改革与着力扩大有效需求协同发力，要求实施更加精准和前瞻性的货币政策和财政政策，可形成"区间调控+定向调控+相机调控"的调控方式，通过增加跨周期政策设计来弥补单纯逆周期调节的不足，有利于加快构建新发展

---

[1] 在中央经济工作会议上的讲话（2016年12月14日）[M]// 习近平关于社会主义经济建设论述摘编.北京：中央文献出版社，2017：115.

格局，形成一种供给与需求动态平衡、改革与管理高效统筹、国内循环与国际循环相互促进、市场机制与政府作用有效结合的经济运行体制机制，这些都深化了中国对宏观经济治理规律的新认识。

协同发力是推动经济高效增长的必然要求

坚持深化供给侧结构性改革和着力扩大有效需求协同发力，是推动经济实现质的有效提升与量的合理增长的必然要求。高质量发展是全面建设社会主义现代化国家的首要任务，是新时代的硬道理。推动经济高质量发展蕴含着多元动态的目标，这些目标必须统一到以人民为中心的发展思想上来，必须以创新、协调、绿色、开放、共享、安全的内在统一来把握发展、衡量发展、推动发展，必须始终保持全国一盘棋的大局观念，正确处理当前和长远的关系、更好统筹经济质的提升与量的增长，持续提高经济治理水平。而这必然要求坚持深化供给侧结构性改革和着力扩大有效需求协同发力，把实施扩大内需战略同深化供给侧结构性改革有机结合起来，增强国内大循环内生动力和可靠性，提升国际循环质量和水平，加快建设现代化经济体系，着力提高全要素生产率。

经济高质量发展，最终体现为人民福祉水平提高和美好生活的满足。通过供给侧结构性改革和扩大有效需求协同发力，可以提升整个供给体系质量，顺应消费升级趋势，扩大有效需求，实现个性化、多样化、高品质消费需求，实现更高质量更高水平的供需平衡。我们必须认识到，虽然以 GDP 增速衡量的经济增长，在一定程度上体现了一个国家的经济发展水平，但是，一个国家 GDP 水平的提高往往不能全面直接反映出收入平等、环境质量改善、减贫等人民福祉水平的提高。区分 GDP 所反映的经济数量增长与经常被经济统计所忽视的经济质量提升是至关重要的。经济质量主要体现为人民福祉改善。长期以来，西方经济学界主要基于 GDP 数量视角延伸的经济增长模型和需求侧管理政策体系，不适应经济高质量发展的要求。推动高质量发展，必须坚持深化供给侧结构性改革与扩大有效需求协同发力，这是新时代党对发展规律、我国发展阶段和主要矛盾变化认识深化的结果，是对单纯 GDP 数量导向的宏观经济调控理论和政策的反思和超越。

推动经济质的有效提升并不排斥经济量的增长，我们所应避免的是单纯追求经济增长模式下造成的具有环境严重污染、资源过度损耗、收入两极分化等问题的经济增长。实际上，在实现经济质的有效提升基础上，尽可能实现量的较快增长，不仅有利于持续增进民生福祉、增强综合国力，也是我国实现社会主义现代化的必然要求。党的二十大报告提出到 2035 年人均 GDP 达到中等发达国家水平，要实现这个目标，我国经济增长一定要保持合理的增速。有测算表明，要实现 2035 年远景增长目标需要 2021—2035 年年均 GDP 增速达到 4.73%，而且对于这一时期的前半段有更高的增长率要求。尤其是近几年，由于新冠肺炎疫情等各种因素的影响，我国经济增速低于潜在增速，2020—2022年这三年平均增速为4.5%。这要求未来更要重视经济增长速度的稳定。稳增长应该是我国基本实现现代化的长期要求。因此，我们在深化供给侧结构性改革、提高供给质量的同时，还要针对有效需求不足问题着力扩大内需来稳定经济增速。

供给侧结构性改革与扩大有效需求的协同发力，旨在实现经济增长质的有效提升与量的合理增长的统一。经济质的有效提升和量的合理增长，会比较好地体现在全要素生产率的提高上。全要素生产率所体现的是通过生产要素投入数量推进经济增长之外的、由于技术进步和资源优化配置而产生的经济增长。全要素生产率不仅是衡量经济发展质量的重要指标，也是未来我国经济量的增长的重要动力来源。因此，推进高质量发展需要从关注经济增长率转向关注全要素生产率。党的二十大报告在"坚持以推动高质量发展为主题"部分，特别指出要"着力提高全要素生产率"。提高全要素生产率应该是我国坚持供给侧结构性改革与扩大有效需求协同发力的着力点。尤其值得关注的是，虽然目前我国GDP已达到美国的70%左右，但全要素生产率水平只有美国的40%左右，这更增加了提高全要素生产率的紧迫性。未来推进中国经济高质量发展，统筹质的有效提升与量的合理增长，一定要坚持供给侧结构性改革与扩大有效需求协同发力，着力提高全要素生产率。

协同发力是推动经济回升的重要保证

坚持深化供给侧结构性改革和着力扩大内需协同发力，是进一步推动经济回升向好的重要保证。2023年，通过全面深化改革开放，加大宏观调控力度，着力扩大内需，优化结构，提振信心，防范化解风险，我国经济实现了回升向好，高质量发展扎实推进。2024年要进一步推动经济回升向好，面临有效需求不足、部分行业产能过剩、社会预期偏弱、国内大循环存在堵点、风险隐患仍然较多等困难和挑战，外部环境的复杂性、严峻性、不确定性也在上升。这更要求我们坚持深化供给侧结构性改革和着力扩大内需协同发力，提高宏观经济治理政策的科学性、有效性和一致性。

坚持深化供给侧结构性改革和着力扩大内需协同发力，需要寻求扩大内需战略和深化供给侧结构性改革的有效结合点去发力。从扩大内需看，要通过积极财政政策和稳健货币政策协同联动，跨周期与逆周期宏观政策有机结合，以扩大内需为战略基点，紧扣结构性问题，做到宏观经济政策更加精准有效，着力扩大有收入支撑的消费需求、有合理回报的投资需求、有本金和债务约束的金融需求；从深化供给侧结构性改革看，要围绕着力畅通国民经济循环、突破供给约束堵点不断强化完善结构政策，培育完整内需体系，以创新驱动、高质量供给引领和创造新需求，尤其是加快科技政策扎实落地，培育新质生产力，推进新型工业化进程，构建具有先进性、协调性、完整性、开放性、安全性和包容性的现代化产业体系。

坚持深化供给侧结构性改革和着力扩大内需协同发力,关键是要处理好扩大内需中消费和投资的关系。要激发有潜能的消费,扩大有效益的投资,形成消费和投资相互促进的良性循环。一方面,提升传统消费,培育新型消费,扩大服务消费,适当增加公共消费,推动消费从疫后恢复转向持续扩大,大力发展数字消费、绿色消费、健康消费,提振新能源汽车、电子产品等大宗消费。另一方面,要完善扩大投资机制,拓展有效投资空间,发挥好政府投资的带动放大效应,持续激发民间投资活力,探索实施政府和社会资本合作新机制,适度超前部署新型基础设施建设,扩大未来产业、高技术产业和战略性新兴产业投资,重点支持关键核心技术攻关、新型基础设施建设、节能减排降碳,培育发展新动能。

当前着力扩大内需的关键,在于扩大居民消费。目前来看,制约中国居民消费增长的一个重要因素是在初次分配中劳动报酬份额始终偏低,影响居民收入在国民收入分配中的份额,而居民收入份额与最终消费占GDP之比的走势高度一致。从1994—2019年的历史数据看,中国初次分配中的住户部门收入占比与最终消费占GDP之比间的相关系数超过0.9,两者走势高度一致。因此,要扩大内需一定要建立和完善扩大居民消费的长效机制,使居民有稳定收入能消费、没有后顾之忧敢消费、消费环境优获得感强愿消费。这要求深化供给侧结构性改革,培育完整内需体系,高度重视实施就业优先战略和深化收入分配领域改革,提高居民收入水平，努力提高居民收入在国民收入分配中的比重，提高劳动报酬在初次分配中的比重，坚持多劳多得，鼓励勤劳致富，促进机会公平，增加低收入者收入，扩大中等收入群体，构建初次分配、再分配、第三次分配协调配套的制度体系。这些改革方向和内容既是实施就业优先战略和深化收入分配制度改革的重要任务，也是坚持深化供给侧结构性改革和着力扩大内需协同发力的关键着力点。

以全国统一大市场建设推进区域协调发展

党的十八大以来，习近平总书记高瞻远瞩、审时度势，针对区域协调发展发表了一系列重要论述，为立足新时代更好促进区域协调发展提供了科学指引，亲自谋划，亲自部署，亲自推动乡村振兴、区域协调发展、以人为核心的新型城镇化等重大战略，我国呈现出分工合理、优势互补、相得益彰的区域协调发展新局面。进入现代化新征程，围绕着建设现代化经济体系、构建新发展格局、建设全体人民共同富裕的中国式现代化等中心任务，需要进一步推进区域协调发展。而加快建设全国统一大市场，有利于促进生产要素有序流动和利益合理分配，从而建立健全区域协调发展新机制，推进新征程下的区域协调发展。

我国区域协调发展取得了历史性成就

党的十八大以来，以习近平同志为核心的党中央，把现代化事业放在历史长河和全球视野中谋划，提出并实施了京津冀协同发展、长江经济带发展、粤港澳大湾区建设、长三角一体化发展、黄河流域生态保护和高质量发展、成渝地区双城经济圈建设等新的区域发展战略，加快推进海南自由贸易港建设，进一步完善支持西部大开发、东北振兴、中部崛起、东部率先发展的政策体系，推动建立健全区域协调发展体制机制。《中共中央国务院关于建立更加有效的区域协调发展新机制的意见》（2018）提出：立足发挥各地区比较优势和缩小区域发展差距，围绕努力实现基本公共服务均等化、基础设施通达程度比较均衡、人民基本生活保障水平大体相当的目标，深化改革开放，坚决破除地区之间利益藩篱和政策壁垒，加快形成统筹有力、竞争有序、绿色协调、共享共赢的区域协调发展新机制。这充分体现习近平总书记提出的区域协调发展的辩证思想——"不平衡是普遍的，要在发展中促进相对平衡"，超越了长期以来把区域协调发展简单理解为缩小区域发展差距的认识。我国经济正在由高速增长阶段转向高质量发展阶段，这就要求必须将区域协调发展放在推动高质量发展的背景下去谋划，不能简单要求各地区在经济发展上达到同一水平，而是要根据各地区的条件，走合理分工、优化发展的路子。

在习近平新时代中国特色社会主义思想指引下，各地区立足自身比较优势，积极主动融入新发展格局，区域板块发展平衡性显著增强。2022 年，中部和西部地区生产总值分别达到 26.7 万亿元、25.7 万亿元，占全国的比重由 2012 年的 21.3%、19.6% 提高到 2022 年的 22.1%、21.4%。特别是人均地区生产总值，东部与中部、西部地区之比分别从 2012 年的 1.69、1.87 缩小至 2022 年的 1.50、1.64，民族地区人均地区生产总值从不足 2.7 万元增长至近 6 万元；基本公共服务均等化水平不断提高，基本养老保险覆盖 10.5 亿人，基本医疗保险参保率达到 95%；基础设施通达程度更加均衡，中西部地区铁路营业总里程占全国比重近 60%，航空运输服务已覆盖全国 92% 的地级行政单元、88% 的人口；区域间基本生活保障水平逐步接近，东部、东北、中部同西部地区居民人均可支配收入之比持续缩小，现行标准下近 1 亿农村贫困人口全部脱贫，历史性地解决了绝对贫困问题；城市群、都市圈对经济增长的引擎带动作用增强，2022 年，京津冀、长三角、粤港澳大湾区内地九市地区生产总值合计达到 49.5 万亿元，超过全国的 40%；重要功能区关键作用进一步发挥，生态环境质量显著提升，有效维护了国家粮食和能源安全；特殊类型地区发展水平明显提升，革命老区加快振兴发展，资源型地区加快转型发展；区域开放水平跃上新台阶，自由贸易试验区、国家级新区、内陆开放型经济试验区、沿边重点开发开放试验区等发展能级持续提升。①

中国社会科学院经济研究所课题组发表的《中国区域协调发

---

① 国务院关于区域协调发展情况的报告 [OL].[2023-06-28]. http://www.npc.gov.cn/npc//c2/c30834/202306/t20230628_430333.html.

展指数报告（2023）》，通过构造量化指数，综合人民生活水平差距（选取地区发展水平差距、地区居民收入水平差距、地区居民消费水平差距、城乡居民收入差距四个指标）、基本公共服务均等化（选取地区人均基本公务服务支出差距、地区居民受教育程度差距、地区医疗服务水平差距和地区城乡养老保障差距四个指标）、基础设施通达程度（选取地区公路发展差距、地区铁路发展差距、地区高效率出行、地区通信基础设施差距四个指标）、地区比较优势发挥（选取人口分布与经济布局协调程度、劳动力空间配置效率、资本空间配置效率和制造业地区分工水平四个指标）、绿色低碳协同发展（含能源消耗、碳排放、水污染治理、大气污染治理四个指标）等多项指标测评区域协调发展程度，测算结果显示，2012—2021年，中国区域协调发展指数持续快速上升，2021年比2012年综合数值提高了23个百分点，基本公共服务均等化、基础设施通达程度和绿色低碳协同发展三个方面指数值分别提高了44个、24个和23个百分点，人民生活水平差距和地区比较优势发挥两个方面指数值分别提高了15个和11个百分点。综合测评表明，新时代以来中国区域协调发展成就巨大。

全国统一大市场建设是构建新发展格局的基础支撑和内在要求

进入现代化新征程，高质量发展是全面建设社会主义现代化国家的首要任务。推进高质量发展，一定要加快构建以国内大循环为主体、国内国际双循环相互促进的新发展格局，增强国内大循环内生动力和可靠性，提升国际循环质量和水平。新发展格局要求的畅通国内大循环，是立足全国、面向世界的统一的大循环、大市场，不是建设本地区、本部门、本区域的小市场和小循环。加快构建新发展格局，一定要从全国协调发展的全局高度着力推进，要全面推进城乡、区域协调发展，提高国内大循环的覆盖面。

围绕构建新发展格局、推进高质量发展，习近平总书记在党的二十大报告中对区域协调发展进行了新的战略布局，要求"深入实施区域协调发展战略、区域重大战略、主体功能区战略、新型城镇化战略，优化重大生产力布局，构建优势互补、高质量发展的区域经济布局和国土空间体系"[①]。这些区域发展战略布局对提高国内大循环覆盖面，到2035年我国基本实现现代化、建成现代化经济体系、形成新发展格局具有重要意义。

提高国内大循环覆盖面需要打破城乡、区域的经济循环障碍，增强城乡和区域的经济联系，促进各类要素合理流动和高效集聚，这必然要求加快推进全国统一大市场建设。建设全国统一大市场是构建新发展格局的基础支撑和内在要求。建设全国统一大市场，旨在通过统一的基础制度规则、统一联通的市场设施、统一的要素资源市场、统一的商品服务市场、统一的市场监管以及破除地方保护，打通制约经济循环的关键堵点，营造稳定公平透明可预

---

① 习近平.高举中国特色社会主义伟大旗帜，为全面建设社会主义现代化国家而团结奋斗——在中国共产党第二十次全国代表大会上的报告（2022年10月16日）[M].北京：人民出版社，2022：31-32.

期的营商环境，进一步降低市场交易成本，促进科技创新和产业升级，促进商品要素资源在更大范围内畅通流动。加快建设高效规范、公平竞争、充分开放的全国统一大市场，可以持续推动国内市场高效畅通和规模拓展，全面推动我国市场由大到强转变，为建设高标准市场体系、构建高水平社会主义市场经济体制提供坚强支撑。

全国统一大市场建设对推进区域协调发展具有重大意义

建设全国统一大市场，对于推进区域协调发展具有重要意义。从区域协调发展战略上看，一方面，统一大市场有利于新型城镇化战略与乡村振兴战略的有效协同。两大战略协同的重要着力点是推动城乡融合发展，推进县城为重要载体的城镇化建设，通过城乡融合、县城建设进一步畅通城乡经济循环，带动和发挥乡村作为消费市场和要素市场的重要作用。建设统一大市场，要打破城乡要素流动的体制机制障碍，深化户籍制度改革和土地制度改革，健全农业转移人口市民化机制，形成城乡生产要素平等交换、双向流动的完善的政策体系，加快推进农业转移人口市民化，从而促进乡村与城镇的融合发展，在推进都市圈建设、城市群一体化发展中包容和带动县城、乡镇发展，提升乡村基础设施和公共服务水平，改善乡村人居环境，提高农村居民财产收入水平。这一切都有利于协同推进以人为核心的新型城镇化战略和全面实施乡村振兴战略。

另一方面，统一大市场有利于增强区域发展的平衡性和协调性。区域协调发展要求推动区域协调发展战略、区域重大战略、主体功能区战略等深度融合，推进京津冀、长三角、珠三角及重要城市群成为高质量发展的新动力源，强化其他地区保障粮食安全、生态安全、边疆安全的功能发挥，最终形成合理分工、优势互补、良性互动、有效支撑新发展格局的现代化区域经济体系。通过建设统一大市场，可以更加充分发挥各地区比较优势，提高区域基本公共服务均等化、基础设施通达程度，打破要素流动的体制机制障碍，形成全国统一开放、竞争有序的商品和要素市场，促进各类要素合理流动和高效集聚。统一大市场还有利于增强经济发展优势区域的经济和人口承载能力，使得这些优势区域集聚更多流动人口、提高收入水平，通过切实加大生态补偿、财政转移支付、利益补偿的力度，保障粮食能源安全、生态安全、边疆安全等主体功能区功能的实现，促进区域协调发展。

在推进全国统一大市场建设中建立健全区域协调发展新机制

新时代新征程推进区域协调发展，需要在推进全国统一大市场建设中建立健全区域协调发展新机制。区域协调发展机制包括区域战略统筹机制、基本公共服务均等化机制、区域政策调控机制、区域发展保障机制、市场一体化发展机制、深化区域合作机制、优化区域互助机制、区际利益补偿机制等方面内容。到2035年，区域协调发展机制要与基本实现现代化相适应，在显著缩小区域发展差距和实现基本公共服务均等化、基础设施通达程度比较均衡、人民基本生活保障水平大体相当方面发挥重要作用，为建设现代化经济体系和满足人民日益增长的美好生活需要提供重要支撑。到本世纪中叶，区域协调发展机制要与全面建成社会主义现代化强国相适应，在完善区域治理体系、提升区域治理能力、实现全体人民共同富裕等方面更加有效，为把我国建成社会主义现代化强国提供有力保障。

在推进全国统一大市场建设中建立健全区域协调发展新机制，必须正确处理政府与市场的关系，要坚持市场主导与政府引导相结合，充分发挥市场在区域协调发展中的主导作用，同时更好发挥政府在区域协调发展方面的引导作用。市场主导作用意味着必须加快建立全国统一大市场，进一步优化产权保护、市场准入、公平竞争、社会信用等市场经济基础性制度，促进各类生产要素有序流动、高效集聚、优化配置，增强区域发展活力。而在发挥政府的引导作用时，尤其要坚持中央统筹与地方负责相结合，一方面，加强中央对区域协调发展战略布局、机制顶层设计，推动国家重大区域战略融合发展，统筹发达地区和欠发达地区发展，推动陆海统筹发展，健全利益补偿机制、互助机制、基本公共服务均等化机制；另一方面，要明确地方政府的实施主体责任，针对不同地区实际制定差别化政策，同时更加注重区域一体化发展，充分调动地方按照区域协调发展新机制推动本地区协调发展的主动性和积极性。

坚持市场主导与政府引导相结合、中央统筹与地方负责相结合的原则，在推进全国统一大市场建设中建立健全区域协调发展新机制，需要形成三类机制。一是发挥统一大市场作用的前提机制，主要包括区域和城乡战略统筹机制、区域合作机制、主体功能区划分机制等，这类机制确立了统一大市场的基本格局和基础条件。二是统一大市场作用发挥的市场化机制，包括要素市场化流动机制、定价机制、信用机制等，决定了市场配置资源过程的基本规则。三是发挥统一大市场作用的服务保障机制，包括基本公共服务均等化机制、区域发展保障机制、区际利益补偿机制等，这类机制在发挥市场配置资源效率的同时保障了各地之间的利益、公共服务公平。三类机制意味着要建设和发挥统一大市场在区域协调发展方面的作用，不仅要在逐步建设和完善全国统一大市场的市场机制上发力，还必须配套建设和完善市场机制发挥作用的前提机制和保障机制。

第一，基于不同区域要素禀赋条件合理确定主体功能和区位分工，是以市场化机制促进区域协调发展的有效前提。建设和完善全国统一大市场，实现要素在城乡之间、区域之间的自由流动。这种自由流动、高效畅通配置应服务于区域协调战略、主体功能区战略、乡村振兴战略、新型城镇化战略要求。实际上，要素市场化自由流动和配置的方向并不一定与区域发展战略要求和主体功能定位天然协调，为了实现区域发展战略要求，需要创造基础条件引导相应要素流向相应功能区。一方面，要基于各个地区的资源禀赋、基础条件、战略地位、区位优势等确定相应的主体功能；另一方面，政府要通过完善基础设施、制度基础、政策体系等，引导更多要素自主流动到相应的区域。从区域协调发展看，我国正在以"一带一路"倡议、京津冀协同发展、长江经济带发展、粤港澳大湾区建设等重大战略为引领，以西部、东北、中部、东部四大板块为基础，以国际经济合作走廊为主骨架加强重大基础设施互联互通，构建统筹国内国际、协调国内东中西和南北方的区域发展新格局。要创造各种条件，使市场化要素流动方向符合区域发展新格局的要求。从城乡协调发展看，要把推进新型城镇化和乡村全面振兴有机结合起来，促进各类要素双向流动，推动以县城为重要载体的新型城镇化建设，形成城乡融合发展新格局。由于生产要素向城市集聚是一个要素自由流动和配置的主要结果，这尤其要求不断完善乡村基础设施和各类制度条件，从而吸引生产要素按照市场化机制自由流向乡村，推进乡村全面振兴。

第二，加快建设全国统一的大市场，形成城乡区域间要素市场化自由流动机制。一是要强化市场基础制度、规则统一，完善统一的产权保护制度，实行统一的市场准入制度，维护统一的公平竞争制度，健全统一的社会信用制度。二是要推进市场设施高标准联通，建设现代流通网络，形成统一产权交易信息发布机制，推动交易平台优化升级，深化公共资源交易平台整合共享。三是要打造统一的要素和资源市场，健全城乡统一的土地和劳动力市场，进一步完善承包地所有权、承包权、经营权三权分置制度，探索宅基地所有权、资格权、使用权三权分置改革；加快发展统一的资本市场；加快培育统一的技术和数据市场，建立健全全国性技术交易市场，引导科技资源按照市场需求优化空间配置；建设全国统一的能源市场。四是要培育发展全国统一的生态环境市场，建设全国统一的碳排放权、用水权交易市场，实行统一规范的行业标准。五是要推进商品和服务市场高水平统一，健全商品质量体系，完善标准和计量体系；全面提升消费服务质量，健全统一的市场监管规则；加强市场监管行政立法工作，强化统一的市场监管执法，全面提升市场监管能力。六是要进一步规范不当市场竞争和市场干预行为，着力强化反垄断。稳步推进自然垄断行业改革，依法查处不正当竞争行为，破除地方保护和区域壁垒，清理废除妨碍依法平等准入和退出的规定和做法，持续清理招标采购领域违反统一市场建设的规定和做法。实施全国统一的市场准入负面清单制度，消除歧视性、隐蔽性的区域市场准入限制。七是推动区域市场一体化建设，按照建设统一、开放、竞争、有序的市场体系要求，推动京津冀、长江经济带、粤港澳等区域市场建设，加快探索建立规划制度统一、发展模式共推、治理方式一致、区域市场联动的区域市场一体化发展新机制。

第三，在生产要素高效畅通配置的同时实现民生服务方面的公平保障，健全区际利益补偿机制和公共服务均等化机制。要按照区际公平、权责对等、试点先行、分步推进的原则，不断完善横向生态补偿机制，推动出台生态保护补偿条例，鼓励生态保护地和受益地、流域上下游合作发展，开展市场化、多元化生态补偿。要加大对粮食主产区的支持力度，建立粮食主产区与主销区之间的利益补偿机制。围绕煤炭、石油、天然气、水能、风能、太阳能以及其他矿产等重要资源,健全资源输出地与输入地之间的利益补偿机制。深入推进财政事权和支出责任划分改革,逐步建立起权责清晰、财力协调、标准合理、保障有力的基本公共服务制度体系和保障机制,逐步缩小县域间、市地间基本公共服务差距。提高基本公共服务统筹层次,增加中央财政对义务教育转移支付规模,推动城乡区域间基本公共服务衔接。建立区域均衡的财政转移支付制度,加大均衡性转移支付力度。加快建立横向利益补偿机制,建立区域合作利益分享机制,鼓励区域间共建产业园区。

着力推进区域协调发展是推动经济高质量发展的重大任务,建设统一大市场,建立高标准市场体系,有利于促进生产要素有序流动和利益合理分配,创新生产要素配置方式,促进区域协调发展;也进一步打通束缚新质生产力发展的堵点卡点,形成有利于各类先进优质生产要素顺畅流动的新型生产关系,从而实现经济质的有效提升和量的合理增长。

后 记

  2023年9月习近平总书记提出"新质生产力"概念之后，"新质生产力"逐步成为一个社会热词。学术界也围绕着新质生产力的概念、新质生产力提出的背景、新质生产力的理论价值和实践意义等进行了深入研究阐释。学术界普遍认为新质生产力是推动经济高质量发展的重要引擎，是实现中国式现代化的内生动力。新质生产力理论是对中国化马克思主义生产力理论的发展，对我国经济发展具有重要指导意义，进一步丰富了习近平经济思想的理论体系。但是，限于时间，短短几个月形成的文献多是从马克思主义理论发展的纵向脉络对新质生产力进行分析，从习近平经济思想理论体系横向梳理研究的还比较少。本书提出新质生产力系统的基本认识，从"要素—结构—功能"的系统分析视角将新发展理念、现代化产业体系、高质量发展、新型工业化等概念纳入新质生产力系统中，从系统论角度对新质生产力进行了研究阐释，从习近平经济思想理论体系视角对新质生产力进行了系统把握。

本书对新质生产力的研究阐释内容，是在学习习近平总书记关于新质生产力系列重要论述的基础上，结合本人前期相关研究成果系统整理形成的。这些相关研究成果包括《新质生产力系统：要素特质、结构承载与功能取向》（载《改革》2024年第2期，与盛方富合作）、《论中国特色社会主义的创新发展理念》（载2017年9月5日《光明日报》）、《新发展理念：一个关于发展的系统的理论体系》（载《经济学动态》2022年第8期）、《中国共产党领导社会主义工业化建设及其历史经验》（载《中国社会科学》2021年第7期）、《论新型工业化与中国式现代化》（载《世界社会科学》2023年第1期）、《把高质量发展要求贯彻到新型工业化全过程》（载《求是》2023年第20期）、《科学把握现代化产业体系的基本特性》（载2023年11月1日《经济日报》，与倪红福合作）、《建设现代化产业体系的重点政策方向》（载《国际经济评论》2023年第3期）、《基于价值链理论的产业基础能力与产业链水平提升研究》（载《经济体制改革》2020年第5期，与倪红福合作）、《从高质量发展看新型基础设施建设》（载2020年3月18日《学习时报》）、《以新型基础设施建设促进经济高质量发展》（载《中国党政干部论坛》2020年第11期）、《推进"新四化"同步实现，建成现代化经济体系》（载2020年11月24日《光明日报》）、《以高质量发展推进中国式现代化》（载2022年10月27日《经济日报》）、《以高质量国民经济循环推进中国式现代化》(载《财贸经济》2023年第2期)、《论中国式宏观经济治理现代化》(载《北京社会科学》2023年第4期,与周倩合作)、《把握宏观经济治理规律 坚持供需双侧协同发力》(载《中国党政干部论坛》2024年第1期),等等。这里对我的合作者们表示衷心感谢。

  本书出版之际,感谢朱克力博士与中信出版社的编辑们,感谢他们的付出和努力。本书是在短期内完成的,错误不当之处在所难免,诚恳期望读者批评指正!

黄群慧
2024年3月